河南财经政法大学华贸金融研究院重点资助

本书得到河南财经政法大学华贸金融研究院、河南省高校哲学社会科学创新人才项目(2023-CXRC-30)、国家社会科学基金青年项目(19CJL007)、河南财经政法大学国家一般项目培育项目（803192）的资助

河南财经政法大学
HENAN UNIVERSITY OF ECONOMICS AND LAW

数字经济系列丛书

数字化转型
赋能中国经济高质量增长的
传导路径及影响研究

武晓利 ◎ 著

中国财经出版传媒集团

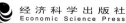

经济科学出版社
Economic Science Press

·北 京·

图书在版编目（CIP）数据

数字化转型赋能中国经济高质量增长的传导路径及影响研究 / 武晓利著 . --北京：经济科学出版社，2023.11

（河南财经政法大学数字经济系列丛书）

ISBN 978 - 7 - 5218 - 4333 - 0

Ⅰ. ①数…　Ⅱ. ①武…　Ⅲ. ①中国经济-经济发展-研究　Ⅳ. ①F124

中国版本图书馆 CIP 数据核字（2022）第 219705 号

责任编辑：王柳松
责任校对：刘　昕
责任印制：邱　天

数字化转型赋能中国经济高质量增长的传导路径及影响研究

武晓利　著

经济科学出版社出版、发行　新华书店经销
社址：北京市海淀区阜成路甲 28 号　邮编：100142
总编部电话：010-88191217　发行部电话：010-88191522
网址：www. esp. com. cn
电子邮箱：esp@ esp. com. cn
天猫网店：经济科学出版社旗舰店
网址：http://jjkxcbs. tmall. com
固安华明印业有限公司印装
710×1000　16 开　10 印张　150 000 字
2023 年 11 月第 1 版　2023 年 11 月第 1 次印刷
ISBN 978 - 7 - 5218 - 4333 - 0　定价：46.00 元
（图书出现印装问题，本社负责调换。电话：010 - 88191545）
（版权所有　侵权必究　打击盗版　举报热线：010 - 88191661
QQ：2242791300　营销中心电话：010 - 88191537
电子邮箱：dbts@ esp. com. cn）

引言 preface

　　近年来，随着全球信息技术的持续发展，中国数字经济得到了长足发展。截至2020年，中国数字经济增加值已达到5.4万亿美元，整体规模位居全球第二。与此同时，中国《"十四五"数字经济发展规划》明确指出，数字经济是继农业经济和工业经济之后的主要经济形态，以现代信息网络为主要载体，融合数据资源与现代信息通信技术，建立的公平与效率相统一的新经济业态。通过建立数据要素市场体系，提升数字技术创新能力，加速数字产业化转型，力争到2035年形成要素完备、竞争有序的数字经济现代市场体系。① 在此背景下，如何制定行之有效的财政货币政策，促进数字技术快速发展，并引导企业生产与数字技术深度融合？如何构建良好的数字经济市场环境，合理有效地实现数据资源的充分利用？如何评估数字经济带来的信息技术更新迭代与智能化技术广泛应用对企业价值的影响？这些将是中国数字经济发展需要关注的重要课题。

　　基于此，本书尝试从数字经济视角出发，通过对中国数字经济发展现状以及相关理论研究基础的简要梳理，探讨数字经济发展对中国高新技术产业创新绩效的直接影响，并从数字经济背景下的智能化应用与信息技术投资两方面，分析数字经济对中国社会全要素生产率、企业投资价值以及宏观经济增长的间接影响。本书采用理论研究与实证分析相结

---

　　① 《"十四五"数字经济发展规划的通知》，http：//www.gov.cn/zhengce/content/2022 - 01/12/content_ 5667817. htm。

合的方式进行研究，保证相关结论的科学性与前瞻性，为后续的相关研究提供参考。

本书共分为六章，下面是每章的主要研究内容。

第1章，简要阐述本书的研究背景和研究意义，同时，对本书的研究思路、研究框架以及研究方法进行概括梳理。

第2章，主要从信息化发展水平、互联网发展水平以及数字交易发展水平三个方面，对中国数字经济的发展现状进行归纳分析，并对智能化运用和信息技术投资方面的研究理论进行总结。

第3章，对中国高新技术产业的事实特征进行分析，之后，通过构建面板数据模型、交互效应模型以及门槛效应模型等计量模型，实证分析数字经济发展对中国高新技术产业创新绩效的影响。

第4章，从人口集聚视角和金融集聚视角出发，实证分析数字经济背景下智能化技术的应用对中国社会全要素生产率的影响。

第5章，一是概述中国人工智能行业的发展状况，并对人工智能行业的发展周期、人工智能企业投资价值的影响因素以及人工智能企业投资价值研究的特殊性等方面进行了相关探讨；二是构建人工智能企业投资价值评级指标体系，对中国人工智能行业相关企业的投资价值进行评级。

第6章，通过构建包含厂商部门、家庭部门和政府部门在内的三部门动态随机一般均衡模型，用数值模拟数字经济背景下信息通信技术（ICT）投资对中国宏观经济增长的动态影响，并对其传导路径进行分析。

本书的主要研究结论包括以下四点。

第一，考察数字经济发展对中国高新技术产业创新绩效的影响。研究结论归纳为以下四点。

（1）从全国层面来看，数字经济发展水平提高，对高新技术产业的新产品销售收入和专利申请数具有显著的正效应，从而能够有效地提升高新技术产业的创新绩效。从区域层面来看，对于中部地区、东部地区和西部地区三大区域而言，数字经济发展水平的提高，在一定程度上能够提升高新技术产业的创新绩效，但是，仍然存在区域间的差异性。在三大区域中，东部地区数字经济发展水平对高新技术产业创新绩效的正效应是最强的，中部地区次之，最后是西部地区。

（2）将企业家精神引入模型中，发现数字经济发展水平对高新技术产业创新绩效的影响是显著的，并且具有正效应，但是，企业家精神对高新技术产业的创新绩效虽然具有正效应，但是，影响并不显著。数字经济发展水平和企业家精神的交叉项，对高新技术产业新产品销售收入的影响是显著的，且具有正效应，但是，对专利申请数的影响不显著。总体来说，数字经济发展水平和企业家精神存在交互效应，数字经济发展水平可以通过企业家精神提升对高新技术产业创新绩效的影响程度。

（3）当被解释变量为新产品销售收入时，数字经济发展水平对企业家精神存在显著的单门槛效应，并且，随着企业家精神的加强，数字经济发展水平对高新技术产业新产品销售收入的影响也是提高的。

（4）当被解释变量为专利申请数量时，企业家精神存在显著的双门槛效应，并且，随着企业家精神由保守到创新再到冒进的变化，数字经济发展水平对高新技术产业专利申请数量的影响呈倒"U"型。

第二，考察数字经济背景下智能化技术的应用，对中国社会全要素生产率的影响。有以下三点。

（1）总体上，智能化技术的应用对社会全要素生产率的影响，存在正向的推动作用。

（2）全样本情形下的人口集聚以及低技能人口集聚，均对社会全要素生产率的影响不显著，而高技能人口集聚对社会全要素生产率具有正向的调节效应。

（3）金融集聚因素同样对社会全要素生产率具有正向调节效应，且金融发展程度较高地区的正向影响显著优于金融发展程度较低地区。

第三，评估数字经济背景下人工智能行业公司的投资价值，研究发现以下两点。

（1）本书通过构建人工智能行业上市公司投资价值指标评级体系，运用主成分分析法研究得出中国人工智能行业 17 家上市公司的投资价值，并根据综合得分进行排名。

（2）采用相对估值法，通过与传统行业的市盈率与市净率等指标进行对比分析，进一步探讨人工智能行业相关企业的投资价值。

第四，考察数字经济背景下，信息通信技术（ICT）投资对中国宏观经济增长的影响，研究发现以下两点。

（1）ICT 投资冲击对宏观经济具有正向影响，表现在对产出、消费、非 ICT 资本存量以及 ICT 资本存量等均具有正向影响，但对各变量影响的持续性存在差异。ICT 投资冲击对产出的影响较短暂，而对消费的影响相对持久，但影响程度小于对产出的影响，对非 ICT 资本存量影响的持续性较强，但影响程度弱于对 ICT 资本存量的影响。从两个不同时间段的影响程度来看，ICT 投资冲击在 2008～2018 年对各经济变量的影响比 1997～2007 年更为显著，特别是对产出的影响远高于 1997～2007 年。

（2）非 ICT 投资冲击对各经济变量的影响存在显著差异，具体表现为，非 ICT 投资冲击对产出的影响在不同时间段存在较大波动，表现为短期脉冲之后的持续性正向影响。非 ICT 投资冲击对居民消费的影响呈现出先负后正的特征，对 ICT 投资存在短暂的挤出效应，非 ICT 资本存量受到该冲击后显著上升且具有明显的持续性，ICT 资本存量受到 ICT 投资的挤出效应后在一定程度上下降。从两个不同时间段的影响程度来看，非 ICT 投资冲击在 2008～2018 年对各经济变量的影响要弱于 1997～2007 年。

本书在编写过程中得到诸多师生的无私帮助。本书的一些章节分别得到晁江锋老师、学生冯希玲、常亚东提供的诸多资料，在此表示感谢！

武晓利

2022 年 12 月

目录 contents

1 绪 论

1.1 研究背景

全球信息化进入了全面渗透、跨界融合、加速创新、引领发展的新阶段，数字经济已经成为经济增长的新引擎，为全球经济复苏和经济发展注入新的活力。数字经济是以数据资源为关键因素，以现代信息网络为主要载体，以信息通信技术（ICT）融合应用、全要素数字化转型为重要推动力，促进公平与效率更加统一的新经济形态。截至 2019 年底，全球市值最高的 10 家企业中，有 7 家数字经济企业。研究分析，数字化程度每提高 10%，人均 GDP 增长 0.5%～0.62%。[①] 未来几年，数字经济在全球经济中的占比将达到 22.5%，到 2025 年，全球经济总值将有一半来自数字经济，数字经济已经成为世界经济的重要增长点和驱动力。近年来，中国数字经济发展迅速，2017～2021 年，中国数字经济规模从 27 万亿元增长到超过 45 万亿元，稳居世界第二，数字经济占 GDP 比重提升到 39.8%。[②] 党的十九大以来，中国数字经济发展动能加速释

---

① 前瞻产业研究院.《数字经济解码篇》，https：//bg. qianzhan. com/report/shisiwuszjg。
② 2022 年第五届数字中国建设峰会，https：//news. shm. com. cn/2022 - 07/22/content_
5234876. htm。

放，数字经济为经济社会持续、健康发展提供了强大动力，[①] 中国正处于经济产业转型升级、新旧动能转换的关键时期，面临内部经济产业结构优化调整与外部环境挑战的多重压力，能否把握数字经济发展的战略机遇，抢占全球数字经济发展制高点，不仅能够进一步提升中国经济发展活力，更有利于推动中国经济转型升级和高质量发展。

信息通信技术（information and communication technology，ICT）[②] 作为数字经济发展的核心数字科技，是企业设施数字化、资源数字化的基础技术支撑，ICT 技术的广泛运用，能够为将中国建设成为数字经济强国提供坚实的技术基石。信息通信技术的发展，使全球经济不再局限于特定空间和特定场所，而是形成了一种全新的竞争模式和发展模式。在这一背景下，中国政府抓住发展机遇，持续加强信息通信技术研发以及相关基础设施建设。2006 年，中共中央办公厅、国务院办公厅印发《2006—2020 年国家信息化发展战略》，将信息化发展提上日程，由此上升到国家战略层面，突出强调信息化对工业化发展的推动作用。[③]《中华人民共和国国民经济和社会发展第十三个五年规划纲要》指出，要实施"互联网＋"行动计划，推动信息通信技术的加速发展和加速运用，从而与产业进行深度融合以打造智能和协同一体的新形态。[④] 2020 年，国家发展和改革委员会、科技部、工业和信息化部、财政部联合印发了《关于扩大战略性新兴产业投资培育壮大新增长点增长极的指导意见》，明确指出，扩大对新一代信息通信技术产业等战略性新兴产业的投资，从而聚焦新兴产业的培育和发展，打造经济发展的新引擎。[⑤]各地区也将

---

①⑤　《关于扩大战略性新兴产业投资　培育壮大新增长点增长极的指导意见》，https：//www.ndrc.gov.cn/xxgk/zcfb/tz/202009/t20200925_ 1239582. ext. html。

②　根据 OECD 的定义，ICT 对应以电子技术获取、传播和演示数据信息的制造业与服务业的集合。

③　《2006 - 2020 年国家信息化发展战略》，http：//www.gov.cn/test/2009 - 09/24/content 1425447 2. htm。

④　《中华人民共和国国民经济和社会发展第十三个五年规划纲要》，http：//news. xinhuanet. com/politics/2016/h/2016 - 03/17/c1118366322. htm。

继续加大对信息通信技术投资和政策支持力度，全面推进信息化发展战略的实施，加速推进和运用信息通信技术。信息通信技术作为新一轮产业革命和技术革命的核心技术，为经济社会数字化发展提供强有力的技术保障。

企业制造的智能化转型是实现数字化的关键要素，通过推动企业内部生产线的智能化改造加强产品生产过程中的感知能力与精准执行能力，并基于精确的数据传输进行实时分析与动态优化，最终实现生产原料的合理配送、人力资源的有效节约以及生产管理的智能决策。从宏观层面来看，随着中国经济转型的不断深入，人口老龄化、产业链外移以及资源错配等诸多问题均导致经济发展不平衡，同时，以网络化、智能化为特征的新一轮工业革命也将重塑全球工业的分工格局，这无不促使中国经济由粗放型向集约型转变，人工智能作为产业变革的核心驱动力，将成为影响中国经济高质量增长的关键要素。智能化技术作为宏观经济数字化转型的重要部分，也在近年来的经济浪潮中扮演了重要角色，该技术的深入应用也引起国内外工业界与学术界的广泛关注。党的十九大报告明确指出："推动互联网、大数据、人工智能和实体经济深度融合"；[①] 国务院于 2017 年 7 月印发了《新一代人工智能发展规划》[②]，科技部于 2019 年 8 月印发了《国家新一代人工智能创新发展试验区建设工作指引》[③]，旨在探索人工智能与中国经济深度融合的新路径，通过人工智能技术推动实体产业的改革创新，进而提高社会全要素生产率，创造中国经济增长的新引擎。人工智能化在中国宏观经济中的应用持续深入，如智能工厂、智能客服、无人驾驶等诸多新业态陆续出现，进一步提升了企业的生产效率，驱动企业增长。因此，智能化作为

---

① https：//www. spp. gov. cn/tt/201710/t20171018. 202773. shtml。

② 《新一代人工智能发展规划》，http：//orig. cssn. cn/zx/zx gjzh/zhnew/201707/t201707243588945. shtml。

③ 《国家新一代人工智能创新发展试验区建设工作指引》，http：//www. gov. cn/xinwen/2019 - 09/06/content/5427767. htm。

引领新一轮技术革新的战略性技术，对推动中国产业结构升级、引领经济高质量发展具有重大意义。

中国经济要向高质量的发展模式转型，必须改变由要素驱动的经济增长方式。要促进经济高质量发展，需要依靠微观主体全要素生产率的提高（逢锦聚等，2019；任保平，2021），而以互联网、大数据、云计算、智能化为代表的新一代信息通信技术具有渗透性，逐渐在各个行业得到广泛运用，有力地推动各行业在生产方式上的转型升级，成为中国产业结构变革的重要推动力，进而在提升国民经济各行各业全要素生产率方面发挥重要作用。同时，信息通信技术会给企业带来发展的新动力，如新知识的进入会促使企业持续地进行产品创新和服务创新，而且，企业可以通过多渠道快速收集相关信息，增强信息时效性，全面、准确的信息提高了管理者在决策方面的科学性。可以看出，信息通信技术投资无论是在产业层面还是在企业层面都潜藏着巨大价值，为实现中国经济高质量转型、加快产业新旧动能转化、企业创新研发提供坚实的技术保障。

综上可知，随着信息通信技术在中国宏观经济应用中的持续深入，信息通信技术投资将成为诸多行业和企业进行数字化转型，提高核心竞争力的必然选择，同时，智能化技术的广泛应用，能够进一步促进数字经济深入发展。鉴于目前中国互联网、大数据以及云计算等新技术的快速发展，消费者对智慧生活的向往日益强烈，数字经济带来的经济环境变化逐渐被大家所感知。本书在详细阐述智能化运用与 ICT 技术投资相关理论基础的前提下，分别从智能化运用与 ICT 技术投资两个视角，分析数字化转型对中国经济高质量增长的传导路径及相关影响。具体来说，第一，从中国数字经济发展现状出发，以高新技术产业为例，分析数字经济发展对中国不同产业创新绩效的影响；第二，从宏观层面考察数字经济背景下，智能化应用对社会全要素生产率的影响，并对智能化技术在经济系统的传导路径与传导机制进行具体分析；第三，从微观层面入手，进一步探讨智能化转型能否有效地推动企业的新旧动能转换，提升企业的市场价值与投资价值；第四，基于 ICT 技术投资视角，分析数字经济背景下信息通信技术投资对中国经济高质量增长的传导路径及影响。

1.2 研究意义

1.2.1 理论意义

美国经济学家索洛（Solow，1987）认为，信息通信技术及其智能化的应用对宏观经济发展具有重要的推动作用，但并未体现在对全要素生产率的贡献上，即"生产率悖论"，具体而言，诸多企业虽然将大量人力资源与物质资源投入与信息通信技术相关领域，但从全要素生产率角度来看，其产生的效果微乎其微。之后，诸多学者也开始对"生产率悖论"观点进行一系列研究，深入探讨信息通信技术投资能否有效提升全要素生产率问题，研究内容逐渐深入，即从信息通信技术投资及智能化应用是否会对全要素生产率产生影响，延伸到信息通信技术投资以及智能化应用通过何种路径影响全要素生产率，通过这些研究，已经逐渐形成了相对完整的理论体系。因此，本书首先，探讨智能化应用与社会全要素生产率之间的关系，通过引入不同的外部因素（比如，金融集聚、人口集聚等），研究它们之间的传导机制和影响效应，能够为中国政府的政策制定提供理论参考。其次，中国人工智能应用起步相对较晚，关于人工智能方面的微观研究相对较少，国外相关研究参照的经济环境存在差异，且各国人工智能应用的时间、人工智能行业上市公司数量以及资本市场环境均有较大不同，近几年，中国数字经济发展迅速，数字信息革命使得中国经济体系对数字技术和数字信息等资源要素的依赖程度逐步加深，数字经济是推动产业结构调整和优化升级的重要力量，数字经济发展水平对提高产业创新效率的驱动力十分重要。

最后，通过将信息通信技术等因素引入动态随机一般均衡模型（DSGE），并结合能够反映中国家庭特征与企业行为特征的相关要素，数值模拟数字经济的相关因素（TFP 冲击、ICT 资本专有技术冲击和非 ICT 资本专有技术冲击）对中国经济的动态影响，不仅能够实现宏观分析与微观分析的有效结合，通过加入动态性与随机性，还可以进行更有效的政策模拟，建立人工智能与就业及经济增长协调发展的政策分析框架。

1.2.2　实践意义

随着云计算、物联网等新一代信息通信技术的发展，信息通信技术的潜在价值日益显现，因此，信息通信技术投资成为企业一项重要的战略投资项目，其在一定程度上影响企业全要素生产率变动。然而，在实践中，信息通信技术资源在生产经营过程中能否有效地转化为企业生产力仍存在较大差异，究其原因，既有外部宏观限制性因素，也有内部微观限制性因素。因此，企业管理者不仅应适度增加对信息通信技术的投资，而且需要关注互补性资源的建设投资，才能使得信息通信技术资源在企业生产过程中实现价值最大化。

如果对人工智能行业的发展状况了解不透彻、认识不全面，但对人工智能行业上市公司的发展存在较高的期望值，并投入大量资源试图获取超额收益，最终难以达到预期水平，这与人工智能行业发展的特殊性有较大关系。同时，对于绝大多数人工智能行业上市公司来说，其发展都是将人工智能技术赋能于现有领域，企业的业务发展具有传统业务的稳定性与人工智能技术的不确定性，未来也应该包含可预测部分与不可预测部分。基于此，本书对人工智能行业发展周期、发展现状、影响投资价值的相关因素、行业特殊性等诸多方面进行深入研究，同时，构建了人工智能行业上市公司投资价值评价体系，并进一步评价该行业上市公司。

在数字经济与宏观经济深度融合的背景下，如何保障中国产业结构优化升级及经济转型的顺利实现，是近年来中国经济面临的重要课题。本书的现实意义体现在：（1）质效提升价值，提出数字经济发展与中国经济高质量发展的实现路径，在宏观上有助于产业结构转型升级，在微观上能够促进企业技术创新，提高全要素生产率；（2）机制创新价值，有助于改善居民消费动力不足、企业投资效率低等问题，优化经济社会发展环境；（3）政策建议价值，有助于强化国家人工智能发展战略的落实、智慧城市及人工智能试验区建设，使其更具有针对性和可操作性。

1.3　研究思路、研究框架及研究方法

1.3.1　研究思路与研究框架

本书在数字经济背景下，基于智能化和信息通信技术的相关理论，第一，尝试研究智能化、人口集聚、金融集聚等因素与社会全要素生产率之间的关系，考察人口集聚因素和金融集聚因素在智能化和社会全要素生产率之间的调节效应，同时，考虑到集聚程度和区域经济发展的差异性，进一步讨论智能化、人口集聚和金融集聚对社会全要素生产率影响的区域差异性，并比较中部地区、东部地区、西部地区的具体情况。第二，系统地梳理了关于投资价值的相关理论和研究方法，并对相关文献进行了详细整理和评价；然后，从宏观层面和微观层面分析了影响人工智能企业投资价值的一系列因素，同时，结合人工智能行业的特殊性，规避仅采用财务指标分析的局限性，尝试引入成长能力指标和创新能力指标进行研究，构建了人工智能行业的投资价值评级指标体系，之后，运用主成分分析法构建了人工智能企业投资价值模型，并最终得出该行业相关企业的评级得分。结果显示，中国人工智能行业整体上具有一定的投资价值，但也存在部分评分较低的企业，该行业上市公司的发展处于相对不均衡状态；并结合相对估值法深入探讨人工智能行业内部上市公司与传统行业的差异，进一步评估人工智能行业相关企业的投资价值。第三，研究数字经济发展水平对产业创新绩效的影响以及作用机制，在对中国高新技术产业现状和事实特征进行分析的基础上，利用中

国高新技术产业的相关面板数据，分别通过构建基础面板数据模型、交互效应模型和面板门槛效应模型进行分析研究。第四，于动态随机一般均衡分析框架中，在厂商生产投入要素中引入信息通信技术投资和非信息通信技术投资，结合中国数字经济发展特征，通过对不同时期的对比分析探讨信息通信技术投资对经济系统中各宏观经济变量的传导路径及影响机制。

本书共分为6章，每章的主要内容如下。

第1章，绪论。简要阐述本书的研究背景和研究意义，并对本书的研究思路、研究框架以及所采用的研究方法进行归纳梳理。

第2章，理论基础。第一，阐述中国经济高质量发展的基本情况，从发展角度和高质量发展角度进行分析。第二，梳理数字经济发展历程和发展脉络，总结中国数字经济发展特征。第三，详细总结智能化的相关理论基础，智能化转型作为一种提高企业全要素生产率和价值创造的有效手段，是通过自主创新或引进先进技术改变传统制造模式、优化制造流程并提高生产效率与产品质量，进而实现价值创造提升。研究过程中涉及的组织变革理论、流程再造理论、动态能力理论以及边际效用理论等，有助于解释智能化转型影响制造企业价值创造机理，为本章后续研究提供理论支撑。第四，总结了信息通信技术的相关理论，包括资源基础理论、内生增长理论、网络外部性理论以及信息不对称理论，为之后分析奠定了基础。

第3章，数字经济发展对中国高新技术产业创新绩效的影响。本章在对中国高新技术产业现状和事实特征进行分析的基础上，利用2010~2019年中国高新技术产业的相关面板数据，研究数字经济发展水平对高新技术产业创新绩效的影响以及作用机制，分别通过构建基础面板数据模型、交互效应模型和面板门槛效应模型进行分析研究。第一，构建基础面板数据模型，从全国层面和区域层面研究数字经济发展水平对高新技术产业的新产品销售收入和专利申请数的影响效应，进而判断数字经济发展水平对高新技术产业创新绩效的影响；第二，构建交互效应模型，将企业家精神引入模型，研究数字经济发展水平和企业家精神的交互效应；第三，构建面板门槛效应模型，判断数字经济发展水平的企业家精神是否存在门槛效应，进而研究数字经济发展水平和企业家精神之间的耦合效应。

第4章，数字经济背景下智能化应用对中国社会全要素生产率的影响。本章选取 2003~2017 年中国省级层面的面板数据，通过引入人口集聚与金融集聚两个因素，在梳理分析智能化应用与社会全要素生产率之间相关关系的基础上，实证研究智能化应用对社会全要素生产率的影响机制和作用机制，并进一步探讨人口因素与金融集聚因素在智能化应用与社会全要素生产率之间的调节效应。同时，考虑到中国区域间经济发展的差异性，进一步结合东部地区、中部地区和西部地区的特征，分析人口集聚和金融集聚对社会全要素生产率的影响。

第5章，数字经济背景下人工智能行业公司投资价值研究。本章在数字经济背景下，对人工智能行业上市公司的投资价值进行研究。运用文献研究法，查阅、搜集并总结、归纳企业投资价值研究的相关理论基础与分析方法，分析了人工智能行业与传统行业研究方法的不同，根据人工智能行业的特点选择合适的研究方法。通过对人工智能行业外部发展环境以及行业发展周期的具体分析，构建了人工智能行业投资价值指标评价体系，并采用相对估值法对人工智能行业相关企业进行评价，并与人工智能行业投资价值指标评价体系的评价结果进行相互验证。

第6章，数字经济背景下信息通信技术投资对中国宏观经济增长的传导路径及影响分析。本章在动态随机一般均衡的分析框架下，结合能够反映中国家庭特征与企业行为特征的相关要素，将生产部门的投入要素由原来的技术、资本和劳动变为技术、非 ICT 资本、ICT 资本和劳动，构建信息通信技术资本的积累方程，引入信息通信技术投资冲击，进而分析 TFP 冲击、ICT 资本专有技术冲击和非 ICT 资本专有技术冲击对经济系统内各个宏观经济变量的影响。同时，结合中国数字经济发展的事实特征，计算 1997~2018 年中国 ICT 资本数据，然后，根据 ICT 资本的发展特征，分别在 1997～2007 年和 2008～2018 年两个时间段，进行数值模拟和对比分析 TFP 冲击、ICT 资本专有技术冲击和非 ICT 资本专有技术冲击对中国各宏观经济变量的影响。

1.3.2 研究方法

本书采用的研究方法包括文献资料的规范研究、计量分析方法的实证研究、参数估计方法和动态随机一般均衡分析方法等，具体有以下五种。

第一种，基于文献资料的规范研究。通过梳理归纳总结相关理论基础，深度分析研究现状，为本书实证分析数字经济与企业价值提升之间的关系及影响路径提供理论支撑；在对资源基础理论、内生增长理论、网络外部性理论和信息不对称理论进行详细介绍后，建立理论分析框架，运用演绎法引出本书所要研究的内容，以此为基础提出假设，为后续分析和检验提供相应的理论基础。

第二种，基于计量分析方法的实证研究。采用宏观经济及产业结构等面板数据，在实证方面进行相关分析与结果分析。考察数字经济背景下智能化、人口集聚、金融集聚和社会全要素生产率等影响因素，并对规范研究中所提假设进行实证分析，同时，运用广义矩估计（GMM 估计）、工具变量法等方法，解决实证研究中可能存在的内生性问题。

第三种，对参数估计采用校准的方法和贝叶斯估计方法（Bayes estimation）。本书为了保证理论模型中参数取值的时效性和精确性，提升数值模拟结果的可靠性，基于中国宏观经济数据和电子信息行业的相关数据，对静态参数使用校准的方法进行估计，对动态参数采用贝叶斯方法进行估计，使得数值模拟结果更为可信。

第四种，动态随机一般均衡分析方法。本书基于中国宏观经济与产业结构的基本特征，从动态优化、一般均衡视角建立包含信息通信技术投资的动态随机一般均衡理论分析框架，数值模拟数字经济背景下信息通信技术冲击对各经济变量的动态影响机制及传导机制，可以实现微观分析与宏观分析的有效结合。同时，加入动态性与随机性可以有针对性地进行政策模拟，建立相关的政策分析框架。

第五种，定量分析和定性分析相结合的研究方法。本书借助定量分析和定性分析相结合的研究方法，对数字经济背景下人工智能、信息通信技术对中国经济高质量增长的影响因素进行数据分析，将这些数据进行对比，深刻剖析数字经济发展对中国高质量经济发展的驱动路径。

2 理论基础

2.1 中国经济发展现状

发展是具体的、历史的，具有鲜明的时代属性和时代烙印，关于发展的探索都是发展所处历史条件的产物。一个时代有一个时代的发展，一个历史时期有一个历史时期的发展，不同的时代和历史阶段，发展的对象、发展面临的任务和所要解决的问题与路径等具有差异性（韩喜平和王晓慧，2019）。在 20 世纪五六十年代，经济学家们将发展定义为经济现象，只强调经济层面，主要目的是为了实现经济增长。尽管在此指引下，多数国家实现了经济增长，但大部分民众的生活没有发生实质性变化。20 世纪 70 年代，随着社会发展，经济腾飞，学者们对发展有了进一步认识，指出发展不仅是量的增长，更重要的是质的变化。21 世纪以后，随着学术界对发展概念的深入思索，发展的内涵日臻完善。发展概念是对历史问题和现实生活问题的演变总结得出的，用来阐释人类经济社会的变迁，包括一个国家和地区的"内部经济"以及"社会转型"。发展是硬道理，是解决中国所有问题的关键。[1]

---

① 习近平：《在纪念中国人民抗日战争暨世界反法西斯战争胜利六十九周年座谈会上的讲话》，人民出版社，2014 年版。

高质量发展，是能够很好地满足人民日益增长的美好生活需要，全面体现和落实创新、协调、绿色、开放、共享的新发展理念，并使产品服务质量得到普遍提升、社会经济效益更加优良（王彩霞，2018）。高质量发展的提法，最早出现在党的十九大报告中："我国经济已由高速增长阶段转向高质量发展阶段"。[①] 2017 年，中央经济工作会议进一步强调，推动高质量发展，是保持经济持续健康发展的必然要求，是适应我国社会主要矛盾变化和全面建成小康社会、全面建设社会主义现代化国家的必然要求，是遵循经济规律发展的必然要求，并提出围绕推动高质量发展，做好八项重点工作。高质量发展的主要内涵，是从总量扩张向结构优化转变，就是从"有没有"向"好不好"转变。[②] 高质量发展是创新、协调、绿色、开放、共享的发展。[③] 上述均体现出中国经济已由高速增长阶段向高质量发展阶段转变。

2.2　中国数字经济发展现状

随着数字经济的发展，国民经济的生产、消费和分配等方式发生了巨大改变，数字经济已经成为拉动中国经济增长的新引擎，是中国综合国力的重要体现。在数字经济发展过程中，经历了信息经济、互联网经济和数字经济的探索过程，其内涵也在不断丰富，使得对数字经济概念的界定比较困难，因此，不同国家从不同角度对数字经济进行定义。比如，澳大利亚在《国家数字经济战略》（*National Digital Economy Strategy*）中，将数字经济定义为，通过互联网、移动电话和传感器网络等信息技术和通信技术，实现经济和社会的全球性网络化；[④] 美国学者范

---

① 《决胜全面建成小康社会 夺取新时代中国特色社会主义伟大胜利——在中国共产党第十九次全国代表大会上的报告》，https：//www.gov.cn/zhuanti/2017 – 10/27/content_5234876. htm。

② http：//www.xinhuanet. com/politics/2018 – 01/25/c_ 1122310663. htm。

③ 宁吉喆：《贯彻新发展理念 推动高质量发展》，载《求是》，2018 年第 3 期，第 3 页。

④ Australian Government Department of Health, *National Digital Economy Strategy*.

秀·金（Beomsoo Kim）将数字经济定义为一种特殊的经济形态，其本质为"商品和服务以信息化形式进行交易"；中国将数字经济定义为"数字经济是以数字化信息与知识作为生产要素，以数字技术为核心驱动力量，以现代信息网络为重要载体，通过数字技术与实体经济深度融合，不断提高经济社会的数字化水平、网络化水平、智能化水平，加速重构经济发展与治理模式的新型经济形态"[①]。

随着数字经济发展，准确评价数字经济发展水平是十分重要的，因此，建立数字经济发展水平的评价指标体系是必要的，国内外学者对如何构建数字经济发展水平的评价指标体系有很多研究，比较有代表性的是：2010 年经济合作与发展组织（OECD）将数字经济发展水平的评价指标体系定义为智能化基础设施投资、增强社会活力、释放创新创造能力和促进增长带动就业能力。2014 年，欧盟发布了数字经济与社会（DES）指数，将数字经济发展水平评价体系划分为宽带接入、人力资本、互联网应用、数字技术应用和数字化公共服务程度五个主要方面。[②] 2018 年，美国经济分析局发布了《定义与测度数字经济》（*Defining and Measuring the Digital Economy*），将数字经济的基本构成划分为支持数字化的基础设施、电子商务和数字媒体。[③] 2022 年，《中国数字经济发展报告》将数字经济划分为四部分：一是数字产业化，即信息通信产业，具体包括电子信息制造业、电信业、软件和信息技术服务业、互联网行业等；二是产业数字化，即传统产业应用数字技术所带来的产出增加部分和效率提升部分，包括但不限于工业互联网、智能制造、车联网、平台经济等融合型新产业、新模式、新业态；三是数字化治理，包括但不限于多元治理，以"数字技术+治理"为典型特征的技管结合，以及数

---

① 中国信息通信研究院发布《中国数字经济发展报告》，2022 年，https：//www. 163. com/dy/article/HCR07C6L05388SZO. html。

② DESI 2017：数字经济与社会指数（DESI），*Digital Economy and Society Index DESI*，2014 年由欧盟发布，是对欧盟各国数字经济发展程度做出评价的合成指数。

③ 美国商务部数字经济咨询委员会，*Defining and Measuring the Digital Economy*，2016。

字化公共服务等；四是数据价值化，包括但不限于数据采集、数据标准、数据确权、数据标注、数据定价、数据交易、数据流转、数据保护等。[①] 学者们根据研究方向、研究方法不同，也构建了许多数字经济发展水平的评价指标体系。比如，许宪春和张美慧（2020）指出，数字经济是现代数字化技术与国民经济运行各方面紧密结合的产物，数字经济代表以数字化技术为基础、以数字化平台为主要媒介、以数字化赋权基础设施为重要支撑进行的一系列经济活动，因此，他们将数字经济发展水平评价体系分为四个方面：数字化赋权基础设施、数字化媒体、数字化交易和数字经济交易产品。刘军等（2020）指出，数字经济是以数字化信息为核心要素，以信息化和互联网的发展为支撑，通过数字化技术提供产品或者服务，使生产者和消费者进行数字交易的新型经济形态，从信息化发展、互联网发展和数字交易发展三个维度，构建数字经济发展水平评价体系。本章借鉴刘军等（2020）的做法，从信息化发展水平、互联网发展水平和数字交易发展水平三个方面，对中国数字经济发展水平现状进行分析。

2.2.1　信息化发展水平

对于信息化发展水平的测度，我们从电信业务总量、软件业务收入、光缆线路长度、移动电话基站等方面进行评价。

1998～2020 年中国电信业务总量变化趋势（可比价格），见图 2-1，可以发现，中国电信业务总量的发展经历了 1998～2010 年、2011～2016 年和 2017～2020 年三个阶段。在 1998～2010 年，随着信息产业部决定在全国实行邮电分营工作，中国移动的用户突破 2 000 万人，中国的电信业务逐步增长，从 1998 年的 2 264.94 亿元增长至 2010 年的 29 993.18 亿元，增长 13.24 倍，年均增长率高达 24.86%；随着 2009 年工业和信息化部为中国移动、中国电信和中国联通发放第三张移动通信 3G 牌照，标志着

---

① 《中国数字经济发展报告（2022 年）》，中国信息通信研究院，2022。http://dsj.quizhou.gov.cn/xw2x/gnyw/202207/t2022071/175506676.html。

中国正式进入 3G 时代。① 2010～2016 年，中国电信业务总量处于调整时期，从 2017 年开始，中国电信业务总量迅速增长，从 2017 年的 27 596.74 亿元增长至 2020 年的 136 763.33 亿元，增长近 5 倍。同时，全球电信业务数据量每两年翻一倍，从 2016 年的 8.6ZB 增至 2020 年的 40ZB，增长 465%。2020 年，全球物联网连接将超过 500 亿个终端，产生的数据量占 40%。现阶段，中国电信业一方面，促进流量的高速增长；另一方面，ICT、IDC 云计算、物联网等，都将是其发展方向。

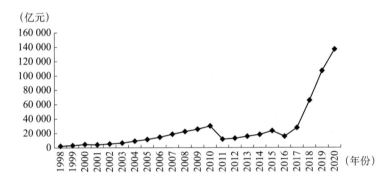

图 2 - 1　1998～2020 年中国电信业务总量变化趋势（可比价格）
资料来源：笔者利用 1998～2020 年《中国统计年鉴》的相关数据计算整理绘制而得。

2012～2021 年中国软件业务收入和增速变化趋势，见图 2 - 2。可以发现，在上述 10 多年，中国软件业务收入呈较快的稳步增长趋势，从 2012 年的 24 794 亿元，增至 2021 年的 94 994 亿元，年均增长率为 16.15%。从近两年的数据可以看出，中国软件和信息技术服务业持续恢复，呈现平稳发展态势。

1998～2020 年中国的光缆线路长度和长途光缆线路长度变化趋势，见图 2 - 3。可以发现，中国光缆线路长度在 1998～2020 年呈快速、稳步增长态势，从 1998 年的 766 582 千米增至 2020 年的 51 692 051.4 千米，增长了近 67.43 倍；与此同时，中国长途光缆线路长度也呈增长趋势，从 1998 年的 194 100 千米增至 2020 年的 1 117 900 千米，增长了近

---

① 工业和信息化部发放 3 张第三代移动通信（3G）牌照，http://news.cctv.com/china/20090107/106930.shtml。

6 倍。自中华人民共和国成立以来，信息产业投资效果突出，光缆线路总长度稳居世界第一。①

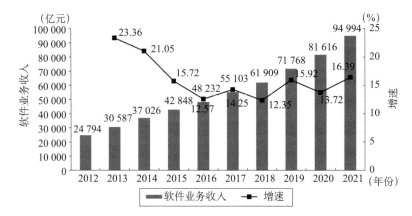

图 2 - 2　2012～2021 年中国软件业务收入和增速变化趋势

资料来源：笔者利用 1998～2020 年《中国统计年鉴》的相关数据计算整理绘制而得。

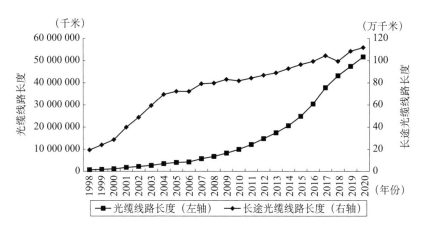

图 2 - 3　1998～2020 年中国的光缆线路长度和长途光缆线路长度变化趋势

资料来源：笔者利用 1998～2020 年《中国统计年鉴》的相关数据计算整理绘制而得。

　　在过去几十年中，中国移动通信网络技术已经走过了第一代模拟技术（1G）、第二代数字技术（2G）和第三代宽带数字技术（3G），目

———————

　　① 《固定资产投资水平不断提升 对发展的关键性作用持续发挥——新中国成立 70 周年经济社会发展成就系列报告之九》，http：// news. china. com/focus/zrsy/news/13002913/20190729/36709369_ 3. html。

前，正处在第四代移动通信技术（4G）高速普及与推广第五代移动通信技术（5G）的阶段。2000~2020 年中国的移动电话基站个数及其增长百分比变化趋势，见图 2-4。可以看出，中国移动通信网络发展日新月异。从图 2-4 可以发现，2000~2003 年中国移动电话基站个数较少，增长速度也比较缓慢，但是，2004 年及以后，中国移动电话基站个数迅速增加，尤其是在 2004 年增长的百分比高达 167.5%，在随后的十几年，中国移动电话基站个数年均增长 26.56%。目前，5G 网络建设稳步推进，按照适度超前原则，新建 5G 基站超过 60 万个，基站总规模在全球遥遥领先。5G 基站作为新型基础设施，将在经济社会发展中承担投资驱动经济增长的重任。多年来，通信业投资作为基础设施投资的重要组成部分，在驱动经济增长中发挥着应有作用，5G 对国民经济各行各业的赋能作用，将在此基础上产生更强驱动力。

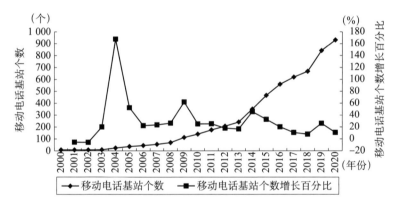

图 2-4　2000~2020 年中国的移动电话基站个数及其增长百分比变化趋势
资料来源：笔者利用 1998~2020 年《中国统计年鉴》的相关数据计算整理绘制而得。

2.2.2　互联网发展水平

对于互联网发展水平的测度，参考程名望和张家平（2019）与刘军等（2020）的做法，从互联网上网人数、互联网宽带接入端口数和互联网普及率三个方面进行评价。2000~2020 年中国互联网上网人数、互联网宽带接入端口数和互联网普及率，见图 2-5。从图 2-5 可以发现，中国互联网发展经历了三个阶段。第一阶段是在 2000～2006 年，因为 2000 年全球科技互联网泡沫破灭，所以，中国互联网行业经历了寒冬时代。第二阶段为 2007～2012 年，在 2007 年 6 月 25 日，国家发布《电子商务发展"十一五"规划》，中国互联网进入加速发展阶段，互联网上网人数由 2007 年的 21 000 万人增加至 2012 年的 56 400 万人，增长了 1. 686 倍；互联网宽带接入端口数从 2007 年的 8 539. 3 万个增加至 2012 年的 32 108. 45 万个，年平均增长率为 30. 44%；互联网普及率从 2007 年的 16. 0% 提升到 2012 年的 42. 1%，增幅高达 26. 1%。① 第三阶段为 2013～2020 年，根据《"十二五"国家战略性新兴产业发展规划》以及《"宽带中国"战略及实施方案》，中国宽带基础设施快速、健康发展，互联网发展日新月异。② 从图 2－5 的具体数据来看，中国互联网上网人数由 2013 年的 61 758 万人增长至 2020 年的 98 899 万人；互联网宽带接入端口数从 2013 年的 35 945. 3 万个增长至 2020 年的 94 604. 68 万个，增长 1. 63 倍；互联网普及率从 2013 年的 45. 8%，提高至 2020 年的 70. 4%，

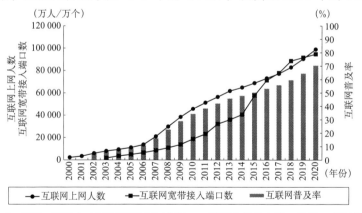

图 2－5　2000～2020 年中国互联网上网人数、互联网宽带接入端口数及互联网普及率

资料来源：笔者利用 2000～2020 年《中国统计年鉴》的相关数据计算整理绘制而得。

① 《电子商务发展"十一五"规划》，http：//www. gov. cn/ztzl/2007－06/25/content 661213. htm。

② 《"十二五"国家战略性新兴产业发展规划》，http：//www. scio. gov. cn/m/ztk/xwfd/2013/gxbfbhjsqmshggjktjxxgyh/zcfg29889/Document/1354984. htm；《"宽带中国"战略及实施方案》，http：//www. gov. cn/zwgk/2013－08/17/content 2468348. htm。

增幅高达 24.6%。与此同时，着重建设光纤网络，宽带网络接入速率提高，加快扩大宽带网络覆盖范围和覆盖规模，深化应用光纤技术与宽带技术，重点推进宽带网络优化和宽带网络技术演进升级，宽带网络服务质量、应用水平和宽带产业支撑能力达到世界先进水平。

2.2.3 数字交易发展水平

对于数字交易发展水平的测度，从每百家企业拥有网站数量、每百家企业使用计算机数量以及电子商务销售额与电子商务企业占比等方面进行评价。

2013～2020 年中国的每百家企业拥有网站数及其增速，见图 2－6，可以发现，近年来，中国企业拥有网站数的发展历程分为两个阶段。第一阶段为 2013～2016 年，每百家企业拥有网站数呈现平稳运行趋势，波动相对较小，拥有网站数保持在约 57.00 个；第二阶段为 2017～2020年，企业拥有网站数呈现较显著的下降趋势，且波动有所加大，特别是2017～2019 年的下降幅度较大，从 56.00 个下降至 51.40 个；从增速来看，中国每百家企业网站数从 2013 年的 57.03 个下降至 2020 年的 49.20个，基本上呈现负增长趋势。

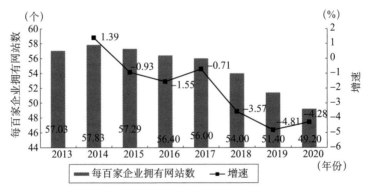

图 2－6 2013～2020 年中国的每百家企业拥有网站数及其增速

资料来源：笔者利用 2013～2020 年《中国统计年鉴》的相关数据运用 Excel 软件计算整理绘制而得。

2013～2020 年中国的每百家企业期末使用计算机数及其增速，见图

2-7，可以发现，近年来，中国企业期末使用计算机数基本上保持平稳上升趋势，从 2013 年的 3 653.03 万台上升至 2020 年的 5 778.29 万台；从增速来看，2013～2014 年期末使用计算机数呈现爆发式增长，增速达到 11.90%，2015～2019 年，增速保持稳定上升趋势，2020 年，增速放缓，但仍保持较快增长。总体来看，计算机使用数稳步增长，有效地促进了中国数字交易的发展进程，也为数字交易的顺利开展提供了较好的外部环境。

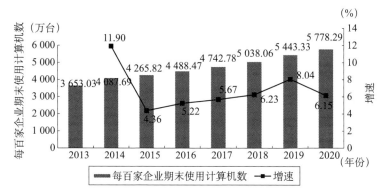

图 2-7 2013～2020 年中国每百家企业期末使用计算机数及其增速

资料来源：笔者利用 2013～2020 年《中国统计年鉴》的相关数据运用 Excel 软件计算整理绘制而得。

2013～2020 年中国的电子商务销售额与电子商务企业占比，见图 2-8，可以发现，近年来，中国电子商务销售额基本上保持持续上升趋势，从 2013 年的 56 683.58 亿元上升至 2020 年的 189 334.65 亿元；从电子商务企业占比情况来看，中国电子商务企业占比呈现波动上升趋势，其中，第一波上升期间是 2013～2016 年，电子商务企业占比从 2013 年的 5.19% 上升至 2016 年的 10.90%，2017 年的占比有所回落，之后，开始出现第二波上升趋势，电子商务企业占比从 2017 年的 9.50% 上升至 2020 年的 11.10%。总体来看，电子商务销售额的持续增长及电子商务企业占比的波动上升，均反映中国数字交易的快速开展。

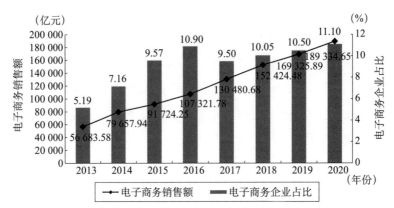

图 2 – 8　2013 ~ 2020 年中国的电子商务销售额与电子商务企业占比

资料来源：笔者利用 2013 ~ 2020 年《中国统计年鉴》的相关数据运用 Excel 软件计算整理绘制而得。

2.3　智能化应用的相关理论基础

2.3.1　组织变革理论

组织变革是企业从现有状态转型到理想状态而增强竞争能力的变化，主要方式包括产业改造、流程重组与架构创新三种。组织变革理论随着技术成熟与企业环境变化不断发展、完善，同时，组织变革的思想、流程、方式随着理论研究与实践深入而逐渐丰富。组织变革的目的是让企业更好地适应新的市场环境，对企业及与其相关的组织结构进行优化升级。进行组织变革能够对企业未来的发展起到深远的影响，企业组织结构的不断优化能够为企业的可持续发展奠定良好的基础，与此同时，企业组织结构不断更新。由此可见，企业应重视组织变革，助力企业健康发展。

目前，轻微程度改良模式与爆破模式两种组织变革模式，较广泛地影响企业发展。其中，轻微程度改良模式主要针对中小微企业，对企业的影响较小；而爆破模式主要针对处于不利环境下，亟须通过组织结构重大变革调整发展战略来解决面临的难题，挣脱恶劣环境的企业。还有一种组织变革模式，是企业决策者提前做出计划，企业成员拥有充分的学习时间、理解时间，按照相应步骤，利用科学、合理的方法对发展战略、产业流程、人员结构等进行针对性调整。同时，组织结构变革对企业业绩也产生了较大影响，组织结构变革能够灵活地解决企业发展过程中存在的问题，提升企业在激烈竞争环境中的竞争优势，对企业绩效产生显著的正向作用。

随着数字经济的发展，人类社会已经从信息社会向智能社会转变，人工智能发展对人类社会的影响越来越明显，互联网和人工智能重新架构企业的运营模式，企业的经营需要持续创新，作为拥有最多互联网用户的国家，中国的数字市场和数字技术发展迅速（刘洋等，2020）。刘方喜（2017）指出，组织变革源于社会变革，而社会变革的基础性力量最终来自物质生产方式的变革，而这种变革又与劳动资料形式密切相关，数字经济的发展、智能化的时代已经对组织变革理论产生了本质影响。组织变革需要开放性、创造性，紧跟时代发展态势，接受技术更新换代，积极构建一个以人为本，以大数据、互联网、区块链、深度学习等数字技术为媒介，通过组织内外关联方式产生协同效应，促进产业聚合，形成有平台化、扁平化和深度学习能力等特征的开放式、协同共生发展的深度学习型数字生态组织（邱国栋和任博，2022）。

2.3.2　流程再造理论

20世纪初期，与流程再造相关的理论已经被提出，在不断延续与发展中产生了重要影响。流程再造理论认为，公司发展最重要的是顺应时代潮流，通过企业流程再造，帮助企业达到更合理、简洁的状态，帮助企业提升综合效率。这种管理思想的核心是聚焦业务流程改造，打破原有方式，对业务流程进行合理化重设，使得企业管理更符合实际，产品更符合客户需求。这一管理思想受到许多学者的关注，并成为研究热点。

流程再造能够使企业整体运作发生重大变化，从某种程度上实现资源的有效管理与高效使用，同时，能够确保企业更顺畅地为市场提供产品，为用户提供服务。从流程再造角度看，企业的各个流程越顺利，代表企业发展更具有实际性，也更科学化。特别是面对复杂、多变的市场环境与快速变化的用户需求，企业通过流程再造能够有效地应对冲击，达到较好的效果。流程再造理论是对传统的制造企业进行合理化改进和创新的理论依据，其目的在于通过对传统制造企业现有的产业流程进行有针对性地梳理、改进与完善，改变企业现状，提高企业营运效率。对于营运效率较高的企业，可以在运营过程中对小问题做出调整；对于运营效率较低的企业，需要考虑对企业组织结构、产业流程、各部门管理制度及管理模式等进行创新再造，实现结构优化与流程优化，解决企业存在的问题。

实际上，智能化转型是一种创新的流程再造方法，这种方法有别于传统的业务流程再造，是以制造业数字化、网络化、智能化为核心的流程再造方法，将智能化技术与产业流程结合，赋予传统业务架构中智能化技术更大的权重，通过人工智能技术再造产业流程。它无法通过简单的技术介入或者业务扩充完成，需要以企业整体组织结构、产业流程、战略布局的改革作为保障才能实现。

2.3.3 动态能力理论

动态能力理论是为顺应新经济环境而生的理论，原因在于，全球经济大环境在现阶段产生着变化，也意味着，企业所处的竞争环境复杂、多变，外部竞争企业错综复杂，而企业面对这种情况如何提升竞争能力并占领市场份额，已有理论较难给出合适的解决方案。因此，动态能力理论在基础静态化的研究基础上，进一步构建动态能力框架，解释动态环境中的企业如何提升竞争优势，适应新经济环境。动态能力可以被视作一种提升企业竞争优势的能力，同时，也可以被视作一系列流程改造、组织重构的过程。

现阶段，动态能力主要包括零阶能力与高阶能力两种形态。企业在日常经营过程中会出现资金紧张、供给不足等各种现实问题，处理这一系列问题的能力即零阶能力，而用于改变零阶能力或普通能力、改造产业流程、重构组织结构的能力是高阶能力，即动态能力（Winter，2003）。动态能力是企业在不断发展过程中形成的，具有特异性特点，其形成主要依靠企业具有鲜明特色的发展过程、行业专属的发展路径、组织独有的发展战略。因此，动态能力应该将抓机遇能力、感知危险能力、决策判断能力、处理问题能力、资源配置能力等考虑在内。

在复杂多变的国际竞争环境中，动态能力分布在产业布局、发明创新、产品转换、制造业生产及货物销售等多方面，全方位助力企业获取长期稳定增长的良好绩效。具有较强动态能力的企业，不仅能够更快速地适应不断变化的外部环境，进而适应经济生态系统，而且，能够通过转型升级、改变甚至重塑现有经营模式，建立与外部企业的联系，更好地提升竞争优势。相比国外制造业企业，中国制造业企业很少通过智能化转型改变战略布局、生产流程、劳动力结构、产品类别来获取竞争优势，而是通过增加流水线与改进生产工艺等方式不断进行迭代升级。由此可以看出，动态能力理论能够更好地促进企业创新能力提升，研究智能化转型所带来的企业价值创造，具有重要的现实意义。

2.3.4　边际效用理论

边际效用是指，每增加购买或拥有单位量的某种商品而带给消费者总效用的变化量。边际效用理论认为，商品价值不是客观存在的，价值是人的欲望与某种商品满足这种欲望之间的关系，即消费者对某种商品效用的主观感受。边际效用理论认为，某种商品价值的形成以其稀缺性作为基础，效用是价值的起点，是形成价值的必要条件，只有稀缺性与效用相互结合才能成为某种物品拥有价值的充分必要条件。关于效用论，西方经济学中有一条较重要的规律，即著名的边际效用递减性，是指单位主体拥有的商品数量越多，则每增加一个单位的商品带来的边际效用将会变得越来越小。

但是，对于制造企业来说，企业核心技术拥有量越多，企业生产效率也随之提高，意味着创新价值也会随之增长，其边际效应并未递减。由此可见，智能化技术是现阶段中国制造企业的重要资产，当研发投入变为技术专利时，企业的创新价值会呈现指数增长趋势，提升企业运营能力，改善企业运营状况，带来更多盈利。

2.4　ICT 技术投资的相关理论基础

2.4.1　资源基础理论

1959 年，彭罗斯（Penrose）在其著作《企业成长理论》（*Enterprise Growth Theory*）中提到企业是资源集合的观点，这也是资源基础理论的雏形；随着经济理论的发展与完善，沃纳福特（Wernerfelt）承袭和发展了彭罗斯的观点，沃纳福特（1984）提出，企业是由各种资源组合而成，并强调企业在异质性资源、知识水平和能力水平的基础上构建资源壁垒进而获得高额利润。但是，在该时期的相关研究观点仍然是分散的、个人化的。巴尼（Barney，1991）提出，企业的异质性表现为企业拥有的资源是互不相同的，同时，强调了"拥有具备价值性、稀缺性、不可模仿性和不可替代性的资源，是企业获取竞争优势的重要基础"的 VRIN 属性框架，[①] 传统资源基础理论认为，组织竞争的优势在于其拥有的异质性资源和能力，异质性资源主要用于生产过程中投入的要素，能力是利用投入要素完成任务的各种技能组合。随着理论研究的深入，能力越来越重要，其被不断强化并使得核心能力理论得以发展。普拉哈拉德和哈梅尔（Prahalad and Hamel，1990）发表的《企业核心竞争力》（*The Core Competence of the Corporation*），认为企业是能力的组合，能力关系到企业的生存和可持续发展。在缺乏能力情况下，企业难以存续，

---

① 企业战略能力评估的四项标准：价值性、稀缺性、难以模仿性和不可替代性，简称 VRIN。

即使企业有幸因资源或者机遇而取得成功，并不意味着可以长久、稳定。因此，企业要想在竞争中保持持久优势，就必须注重能力建设。然而，在开放性环境下，原有理论受到学者的批评和质疑，桑切斯和希恩（Sanchez and Heene，1997）强调，能力应呈现开放性，要意识到企业网络和企业联盟对于实现资源优化配置的重要性，有助于企业在短期市场上获得竞争优势，同时，也表达了动力性思想。在此基础上，提斯等（Teece et al.，1997）提出动态能力理论，强调企业要想尽快适应复杂多变的外部环境，就需要从外部获得多种资源并进行整合。资源基础理论的发展，经历了从静态到动态、从内部到内外部结合的过程。

全球经济正逐渐从工业经济时代进入数字经济时代，向信息技术、商业模式、组织结构等全方位转变。资源基础理论框架在数字经济迅速发展的时代，对于中小微企业的影响是较为乏力的，环境的不确定性以及资源基础观的动态解释能力较差是导致这种现象的原因。资源形成竞争优势的前提，是对资源的拥有，资源应该具有明确的所有权，才能讨论资源的使用问题。但是，在数字经济发展时代，数字经济中的数字和核心技术的所有权可能不太明确，比如，数据的所有权是否与收集人员有关？数据的属性是什么？这些问题都导致在数字经济发展过程中出现数据资源所有权问题。信息技术投资也将构成企业的一项重要投入要素，第一，信息技术投资在一定程度上增强了企业在信息搜集、处理、传输、利用等方面的能力，进而提高了决策效果；第二，利用信息技术搭建的企业内部网络可以密切联系企业各个部门，提高企业内部沟通、交流的效率；第三，利用信息技术可以有效地分配并利用企业的各项资源，提高资源配置效率；第四，通过信息网络可以增强核心知识和核心能力积累，从而创造企业特有资源。信息技术投资有利于企业各项工作的开展，保证生产经营活动的高效运行，对提升企业的全要素生产率有正向影响。

2.4.2 内生增长理论

经济学者对于经济增长方面的驱动因素进行了深层次的探讨研究，长期以来，新古典经济增长模型影响经济增长理论的发展，但主要基于要素收益的递减法则，不能对经济的持续性增长做出很好的解释，在此基础上发展出内生增长理论，把技术等作为内生因素而非外生因素。阿罗（Arrow，1962）根据"干中学"模型，将内生技术因素纳入经济增长模型；罗默（Romer，1986）又增加了知识这一要素，并提出了知识溢出效应，当知识投入生产中，产生的外部性会带来边际报酬递增，而当呈现递增趋势时，可持续经济增长便成为可能；卢卡斯（Lucas，1988）提出人力资本积累理论，除了承认人力资本存量具有外部影响外，还发现人力资本存量会随着人力资本的积累而呈正向变化，把人力资本划分为两类：一类是由学校培养的普通人力资本；另一类是实践中的"干中学"而产生的专门人力资本。罗默（1990）又提出了人力资本分级的思想。因此，内生增长理论在罗默和卢卡斯的研究下进一步得到了发展和完善，简而言之，人力资本带来的知识外溢和技术进步形成的良性循环会使经济保持长期稳定增长。

基于内生增长理论，信息技术投资不仅可以使企业通过在线方式对员工进行职业教育培训，而且，员工也可以利用信息网络（百度搜索引擎）进行知识查找和学习或者在平台上与同行进行交流沟通。因此，新知识、新技能的学习和掌握可以提升劳动者的个人价值，不仅增强其创新意识和创新能力，而且，提高工作质量和工作效率，这将对全要素生产率增长产生有利的影响。

2.4.3 网络外部性理论

外部性是信息经济学的一个概念，是指经济活动主体的某种经济行为，在不通过市场作用机制的条件下，对其他经济活动主体产生影响。网络外部性又称为网络效应，最早是由杰弗里和罗尔斯（Jeffrey and Rohlfs，1974）提出的，卡茨和夏皮罗（Katz and Shapiro，1985）对网络外部性理论有了正式阐述，即当使用相同商品或服务的相同用户数量发生变化时，客户获取的效用也会随之发生变化。简单来说，是用户数量与用户效用成正比关系。夏皮罗和瓦里安（Shapiro and Varian，1999）指出，网络外部性有一个重要现象，是某个消费者加入一个网络系统所愿意付出的价格与网络已有的用户数目有关。网络外部性的本质在于，通过网络规模扩张而实现规模经济。梅特卡夫（Metcalfe）法则表明，网络效益是其中一种体现。就拿企业采购的办公软件来说，当办公软件的使用者越来越多时，此产品就会对最初使用者产生一定增值作用，原因在于，使用者可以在不同环境下进行数据信息的兼容和分享，大大地提升了工作效率与工作质量。通俗地讲，只有一个用户使用时，自我价值为零，而当许多用户都使用时，价值就会相应上升，从而产生协同价值。一般来说，网络外部性的强度与网络规模有很大关系，通常来说，网络规模越大，网络外部性影响越大。伊孔米德斯和富勒（Economides and Flyer，1998）指出，当一个网络的规模超过其临界值时，该网络的外部性表现得比较明显。

基于网络外部性理论，一方面，信息技术投资形成纵向产业链，把企业与上游供应商和下游经销商组合在一起，不仅有利于改良创新产品以满足市场消费需求，而且，能够把握外部市场的发展动态以抓住商业机遇，这有利于企业及时采取相应措施调整生产经营各个活动，从而对全要素生产率增长产生有利影响；另一方面，形成横向的跨行业企业融合，企业相互之间的合作可以帮助企业获取新知识、新资源和新的销售渠道，从而帮助企业形成竞争新优势以促进企业全要素生产率增长。

2.4.4　信息不对称理论

在信息经济学理论中，信息不对称是指在市场经济中，交易双方对信息的掌握程度出现差异，掌握信息较多的一方处于优势地位，掌握信息较少的一方处于劣势地位，信息优势者可以利用较多的内部信息使之处于有利的地位。正是信息的不对称性影响了市场经济中的资源配置，并且，会导致市场机制在一定程度上失灵。信息不对称和市场不对称也会导致一些问题出现，比如，逆向选择、道德风险等也构成了信息经济学不对称理论的基础。

阿克洛夫（Akerlof，1970）出版的《柠檬市场：产品质量的不确定性与市场机制》（*The Market for "Lemons"：Quality Uncertainty and the Market Mechanism*）一书中详细地论述了逆向选择，并通过二手车市场中存在的劣车驱逐优车的现象进行了说明。在二手车市场交易中，卖家掌握了关于二手车的第一手资料，清楚地知道二手汽车的真实状况，而买家因信息获取渠道局限性而无法了解二手车的真实情况，为了避免信息不对称所导致的风险损失就会压低二手汽车的价格，而买家的低出价又会让卖家不愿意提供高质量的产品，久而久之，市场会出现以次充好的现象，即低质品驱逐优质品。阿罗（1963）将道德风险引入经济学，即一方不必承担与开展经济活动相关的全部风险，在实现自身效用的时候不考虑他人，从而对他人的利益产生不利影响。企业中的信息不对称主要指，管理者和股东掌握的信息在信息量上存在差异，管理者相对于股东掌握更多企业内部的相关消息，当管理者没有道德自律进行自我约束时，可能就会利用职位谋取私人经济利益。因此，信息不对称很有可能使管理者做出错误的决定和行为，有损股东的经济利益。

基于信息不对称理论，信息技术投资使企业信息更具透明性，有效地解决了因信息不对称而产生的问题，企业与外部利益相关者（股东、债权人和金融机构）沟通和联系的加强，可以帮助企业筹措后续发展资金，同时，也使代理人以股东效用最大化为目标为之奋斗，驱动企业全要素生产率的增长。

3 数字经济发展对中国高新技术产业创新绩效的影响

3.1 概述

《"十四五"数字经济发展规划》提出,以数据为关键要素,以数字技术与实体经济深度融合为主线,加强数字基础设施建设,完善数字经济治理体系,协同推进数字产业化和产业数字化,赋能传统产业转型升级,培育新产业、新业态、新模式,不断做强做优做大中国数字经济,为构建数字中国提供有力支撑。[①] 数字经济是继农业经济、工业经济之后的主要经济形态,是以数据资源为关键要素,以现代信息网络为主要载体,以信息通信技术融合应用、全要素数字化转型为重要推动力,促进公平与效率更加统一的新经济形态。2021 年,中国产业数字化规模已经达到 37.2 万亿元,同比名义增长 17.2%,占 GDP 的比重为 32.5%,各行各业已经充分认识到发展数字经济的重要性。[②] 高新技术产业是以高新技术为基础,从事一种或多种高新技术及其产品的研究服务、开发服务、生产服务和技术服务的企业集合。高新技术产业是知识密集型产

---

① 《"十四五"数字经济发展规划》,http://www.gov.cn/xinwen/2022–01/12/content_5667840.htm。

② 2022 年中国信息通信研究院发布的《中国数字经济发展报告》,https://www.163.com/dy/article/HCR07C6L05388SZO.html。

业和技术密集型产业，是衡量国家综合创新实力的重要指标，也是引领中国科技创新与产业结构升级的核心力量。在数字经济不断发展的时代背景下，高新技术产业如何实现创新绩效提升路径，成为研究热点之一。

关于数字经济的研究成果越来越多，国内外学者也不断探索数字经济的影响。1995 年数字经济最早由泰普斯科特（Tapscott）在《数字经济：网络智能时代的希望与危险》（*Digital Economy：Hope and Danger in the Age of Network Intelligence*）中提出，之后关注数字经济的学者越来越多。经济合作与发展组织（2014）从生态系统方面对数字经济范围进行了界定：一个由数字技术驱动的，在经济社会领域发生持续数字化转型的生态系统，该生态系统至少包括大数据、物联网、人工智能和区块链。2017 年，美国贸易代表办公室在《数字贸易的主要障碍》（*main obstacles to digital trade*）中指出，数字经济包含实体商品和数字商品在网络上的售卖及服务贸易通过网络的实现。随着数字经济的发展，包含的内容越来越丰富。比如，互联网经济、大数据、云计算、人工智能、区块链、物联网、新型制造和新型零售等，都是数字经济的焦点研究问题。

3.2　相关理论研究

随着新一代信息通信技术的发展，以资源共享为前提，以互联生产为目的，以平台为载体的产业互联网概念逐渐被应用到产业转型升级中，越来越多的学者研究互联网络对创新绩效的影响。李培哲和菅利荣（2022）基于社会网络视角，构建产学研合作创新网络，进而研究网络结构、基础知识对企业创新绩效的影响，发现产学研创新网络中心性对企业创新绩效具有正效应，但网络结构与企业创新绩效未呈现显著的倒"U"型关系。田洪刚和杨蕙馨（2021）构建了互联网发展影响创新绩效的三维理论框架，发现在全国层面，互联网发展和创新质量之间存在

"U"型关系，而互联网发展与创新数量间则表现为倒"U"型关系，且拐点值存在明显差异。在分区域层面，中国东部地区、中部地区、西部地区互联网发展与创新质量之间分别呈现出"U"型关系、"U"型关系、倒"U"型关系，与创新数量均表现为倒"U"型关系。并且，数据驱动、生态网络、用户主导，分别与互联网发展深度复合影响了创新绩效，但在显著度上存在差异。段玉婷等（2021）利用专利数据构建了企业间的创新网络，发现企业创新"竞合"网络的接近中心度与企业内部创新绩效和区域创新贡献度均呈正"U"型分布，企业创新"竞合"网络的结构洞与企业内部创新绩效和区域创新贡献度均呈正"U"型分布，企业产业互联网战略的实施，对以上关系的影响均呈显著的正向调节作用。

数字经济已成为中国创新驱动发展的必然途径，"十四五"规划指出，中国要坚持创新驱动发展，[1] 全面塑造数字经济对中国经济高质量发展的新优势，研究数字经济发展对创新绩效的影响非常必要。围绕数字经济与创新绩效之间的影响效应，中文文献进行了深入研究。闵路路和许正中（2022）研究发现，提升创新绩效能够有效地促进数字经济发展，从而驱动中国经济高质量发展，创新绩效在数字经济和中国经济高质量发展的传导机制中间起到正向的中介效应。童红霞（2021）以创新扩散理论、知识基础理论和组织学习理论等为基础，在数字经济大背景下，构建了知识共享、开放式创新、知识整合能力和创新绩效关系的理论模型，发现开放式创新对创新绩效起到中介效应，但知识整合能力对创新绩效具有直接效应，而对知识共享和创新绩效、开放式创新和创新绩效的影响机制起到中介效应。蒋殿春和潘晓旺（2022）以中国A股上市公司的数据为样本，研究城市数字经济发展水平对企业创新绩效的影响，发现数字经济通过研发投入、沉淀冗余和人力资本等效应对企业的高质量创新绩效具有提升作用，但是，对于低质量创新绩效的影响并不

---

[1] 《中华人民共和国国民经济和社会发展第十四个五年规划和2035年远景目标纲要》，http://www.gov.cn/xinwen/2022-01/12/content_5667840.htm。

显著。也有中文文献从中小型企业角度研究数字经济对企业转型与企业创新绩效的影响。比如，余薇和胡大立（2022）研究表明，数字化转型是中小企业摆脱困局、价值创新的重要途径，企业家是企业实现创新绩效的主导者。中小企业数字化转型，在企业家能力对企业创新绩效的影响中发挥中介作用。申明浩等（2022）从企业内部创新和合作创新的视角，研究数字经济对其的影响机理，发现数字经济有效地提升了企业内部创新与企业合作创新，主要通过高端人才集聚效应化解企业创新人才资源的不足。同时表明，数字经济发展对企业内部创新与合作创新的影响，在企业间、行业间以及地区间表现出显著的异质性。党琳等（2021）也对数字经济与企业合作创新绩效的关系进行了研究，利用数字经济指数和专利申请数据，发现数字经济对制造业企业的合作创新绩效具有提升效应，同时表明，改善创新环境能够有效地提升数字经济对企业合作创新绩效的影响。韩骞和王子晨（2022）利用灰色关联度分析法，构建关联评价指标体系，对国家数字经济创新发展试验区的科技创新投入与数字经济发展成效关联评价进行研究，提出应该健全数字技术和产业培训体系，最大限度地避免人才供给断层。同时，促进科技成果转化，发挥市场作用，提升数字经济产业发展水平，加快产业数字化和数字产业化的推进速度。

随着全球化的深入发展，知识经济时代的腾飞使得科技创新成为各国经济发展的重要战略。高新技术产业作为科技创新的核心产业，其发展对产业结构优化升级、推动经济高质量发展具有重要的意义。高新技术产业的相关研究，也成为学者们关注的热点。高新技术产业的研发效率，是决定其创新能力的关键因素，有中文文献认为，高新技术产业集聚对技术创新具有负效应。比如，李凯等（2007）认为，中国高新技术产业集聚并未充分发挥其对技术创新的促进作用。出现这种现象的原因在于，随着高新技术产业的发展，产业集聚效应对技术创新的影响越来越显著，比如，谢伟等（2008）已经测算了中国各个地区的高新技术产业的研发效率、技术效率和规模效率，发现当前中国高新技术产业研发效率水平较低，但是，发展趋势比较乐观；地区间差异显著，并指出生产效率是造成该现象的原因。刘伟（2015）利用三阶段数据包络分析（DEA）测算了中国高新技术产业的研发创新效率，发现纯技术效率值被低估，规模效率值被高估，并表明环境因素显著影响了高新技术产业不同行业的研发创新效率。也有文献从研发（R&D）投入角度研究中国高新技术产业创新绩效的问题。比如，冯峰等（2013）构建互联网数据包络分析（DEA）模型，研究了一套衡量中国高新技术产业创新绩效的指标体系，并发现 R&D 投入与高新技术产业创新绩效成正比。余泳等（2015）构建结构方程（SEM）模型对中国高新技术产业创新绩效进行了实证研究，发现 R&D 投入是中国高新技术产业创新绩效的主要动力，并指出 R&D 经费投入贡献大于 R&D 人员投入，R&D 投入对中国高新技术产业科研产出的影响强于新产品产出，非 R&D 投入对中国高技术产业创新绩效提升有显著的直接调节作用。高新技术产业集聚能否进一步促进产业技术创新，也是研究的焦点问题。杨浩昌等（2016）研究了高新技术产业集聚对技术创新的影响，并进行了区域间的比较分析，发现高新技术产业集聚不仅有利于技术创新的产生，而且，促进了技术创新的扩散。另外，高新技术产业集聚对技术创新的影响，在区域间具有显著的差异性，主要表现为东部地区高新技术产业集聚对技术创新的正效应，要大于其对中西部地区的影响。除了直接研究高新技术产业集聚对创新效率的影响，也有文献考虑金融发展水平在影响机制中的地位和角色，比如，张长征等（2012）以高新技术产业为例，对中国金融发展水平、高新技术产业集聚度以及产业创新效率进行测定和比较分析，越落后地区的金融市场联结高新技术产业集聚推动产业创新的效率越明显，这一结果与理论假设相反，进一步表明低效的金融市场已成为中国各地高新技术产业创新效率提高的主要障碍。

随着数字经济时代的来临，人们的生活方式发生了巨大变化，给高新技术产业既带来了机遇也带来了挑战，高新技术产业的智能化发展在数字技术的支持下将会日新月异，能够显著促进生产效率提高。数字经济对高新技术产业的影响，不仅能够提升产业技术创新，而且，对高新技术产业的创新绩效和创新效率产生了影响。马琳（2021）利用三阶段数据包络分析模型，测算了中国省际区域高新技术产业的创新效率，发现数字经济的发展水平对高新技术产业创新效率具有明显的正向效应。段小梅和陈罗旭（2021）研究了"长江经济带"数字经济发展水平对高新技术产业出口竞争力的空间溢出效应，发现数字化投入、数字化产出、数字化环境对"长江经济带"高技术产业出口竞争力的整体提升具有正向溢出效应。马永红和李保祥（2022）研究了数字经济对区域高技术企业创新绩效的影响，及区域高校知识转移对其路径的作用机制，发现数字经济显著促进了高技术企业创新绩效，高校知识转移和数字经济形成正向的交互驱动效应。在高校知识转移作用下，数字经济对高技术企业创新绩效呈现"U"型影响。也有文献进行区域间的对比分析，比如，袁徽文和高波（2022）研究了数字经济对高新技术产业创新效率的影响效应，结果表明，数字经济发展水平能够有效地提升高新技术产业的创新效率，但是，影响效应的持久性较弱，通过比较分析发现，数字经济对高新技术产业的影响在区域间和行业间具有显著的差异性，东西部地区的效应较为明显，中部地区和东北地区的数字经济对高新技术产业创新效率的影响较弱。

3.3　高新技术产业的事实特征分析

20 世纪，以生物、信息等为代表的技术重大突破，催生了其相关产业链条，引起了全球范围内产业技术升级与产业结构调整，高新技术产业应运而生。中国也对高新技术产业给予各种政策支持，使得中国高新技术产业得到长远发展。下面，从高新技术产业的主营业务收入、R&D活动人员折合全时当量、R&D 投资、新产品销售收入和专利申请数等方面进行事实特征分析，从而更加清晰地了解中国高新技术产业的发展态势。

　　1995～2019 年中国高新技术产业主营业务收入变化趋势见图 3 - 1，2000 年之前，中国的高新技术产业还处于萌芽时期，整体发展速度比较缓慢。2000 年以后的十年间，中国的高新技术产业的发展速度明显提升，产业主营业务收入从 2001 年的 12 015.3 亿元提升到 2010 年的 74 482.8 亿元。2010 年后，中国高新技术产业发展达到了腾飞阶段，从 2016 年开始，主营业务收入达到约 160 000 亿元。

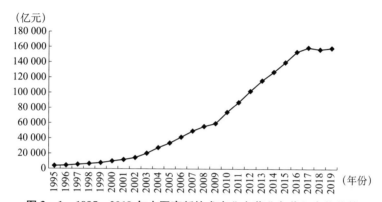

图 3 - 1　1995～2019 年中国高新技术产业主营业务收入变化趋势

资料来源：笔者利用 1995～2019 年的《中国高新技术产业统计年鉴》的相关数据计算整理绘制而得。

　　2009～2019 年中国高新技术产业 R&D 活动人员折合全时当量变化趋势，见图 3 - 2。2009 年和 2010 年，中国高新技术产业 R&D 活动人员折合全时当量为 400 000 人/年，之后，R&D 活动人员折合全时当量迅速提升至 2014 年的 700 000 人/年。2015～2017 年，R&D 活动人员折合全时当量基本保持在约 730 000 人/年，2018～2019 年增加至约 860 000 人/年。

　　2009～2019 年中国高新技术产业 R&D 投资变化趋势，见图 3 - 3。可以发现，从 2009 年开始，政府在 R&D 经费方面的投资呈稳定上升趋势，从 2009 年的 670 995.0 万元上升至 2015 年的 2 101 826.8 万元。2018 年有所下降，2019 年增至 2 585 729 万元。对于企业投资，可以看出，2009～2019 年呈稳定上升趋势，从 2009 年的 8 026 622 万元增至 2019 年的 35 452 268 万元，增幅高达 341.68%。

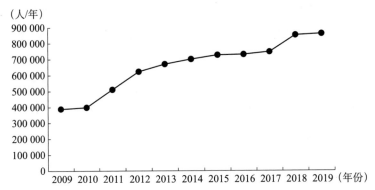

图 3 - 2 2009～2019 年中国高新技术产业 R&D 活动人员折合全时当量变化趋势

资料来源：笔者利用 2009～2019 年《中国高新技术产业统计年鉴》的相关数据计算整理绘制而得。

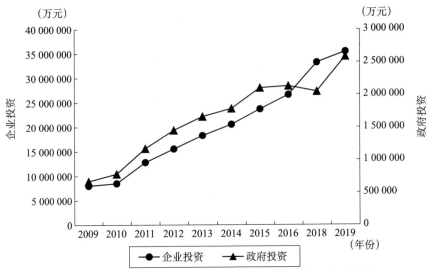

图 3 - 3 2009～2019 年中国高新技术产业 R&D 投资变化趋势

注：2017 年数据缺失。

资料来源：笔者利用 2009～2019 年《中国高新技术产业统计年鉴》的相关数据计算整理绘制而得。

2009～2019 年中国高新技术产业新产品销售收入变化趋势，见图 3 - 4。可以发现，近十几年基本上呈稳定上升趋势，从 2009 年的 137 367 222 万元增至 2019 年的 591 642 232 万元，增幅高达 330.7%。

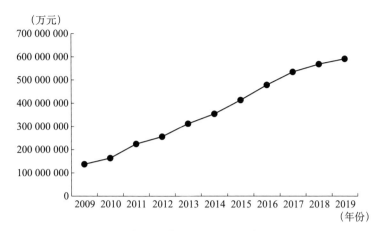

图 3 - 4　2009 ~ 2019 年中国高新技术产业新产品销售收入变化趋势
资料来源：笔者利用 2009 ~ 2019 年《中国高新技术产业统计年鉴》的相关数据计算整理绘制而得。

2009 ~ 2019 年中国高新技术产业专利申请数量变化趋势，见图 3 - 5。可以发现，2009 年和 2010 年高新技术产业的专利申请数较低，但在 2011 年以后，整体呈上升趋势，在 2015 年，申请数呈微幅下降后，2016 年以后保持稳速增长。

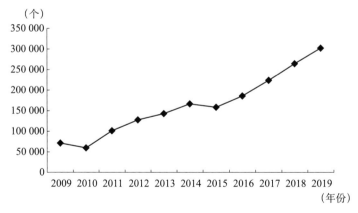

图 3 - 5　2009 ~ 2019 年中国高新技术产业专利申请数量变化趋势
资料来源：笔者利用 2009 ~ 2019 年《中国高新技术产业统计年鉴》的相关数据计算整理绘制而得。

3.4 计量模型构建

本节分别构建面板数据模型、交互效应模型和门槛效应模型,从不同角度探讨数字经济对高新技术产业创新绩效的影响。

3.4.1 面板数据模型

建立数字经济对高新技术产业创新绩效的影响因素方程,计量模型设计如下:

$$INP_{i,t+1} = \alpha_0 + \alpha_1 DE_{i,t} + \lambda \sum Control_{i,t} + \varepsilon_{i,t} \qquad (3-1)$$

在模型(3-1)中,i, t 分别表示地区和时期;INP 表示高新技术产业的创新绩效;DE 表示数字经济发展水平;Control 表示控制变量集;ε 表示随机扰动项。

3.4.2 交互效应模型

余薇和胡大立(2022)指出,企业家是企业的灵魂和统帅,高层梯队理论认为,高层级管理者是企业战略方向的决定者,其价值导向、认知能力及管理经验将直接影响组织绩效。在此,我们用企业家精神作为调节变量。先检验企业家精神对高新技术产业创新绩效的影响效应,再检验企业家精神和数字经济对高新技术产业创新绩效之间的交互效应,构建模型如下:

$$INP_{i,t+1} = \gamma_0 + \gamma_1 DE_{i,t} + \gamma_2 EP_{i,t} + \lambda \sum Control_{i,t} + \varepsilon_{i,t} \qquad (3-2)$$

$$INP_{i,t+1} = \beta_0 + \beta_1 DE_{i,t} + \beta_2 EP_{i,t} + \beta_3 DE_{i,t} \times EP_{i,t} + \lambda \sum Control_{i,t} + \varepsilon_{i,t}$$
$$(3-3)$$

在模型(3-2)和模型(3-3)中,EP 表示企业家精神;模型(3-2)在模型(3-1)的基础上增加了企业家精神,可以分别检验数字经济发展水平(DE)和企业家精神(EP)对高新技术产业创新绩效的影响效应；模型（3-3）是在模型（3-2）的基础上增加了数字经济发展水平与企业家精神的交互项（DE×EP），回归系数 β_3 表示企业家精神（EP）和数字经济发展水平（DE）对高新技术产业创新效率之间的交互效应，即数字经济通过企业家精神对高新技术产业创新效率的影响。

3.4.3　门槛效应模型

参考汉森（Hansen，1999）提出的门槛效应模型，在此以企业家精神为门槛变量，构建以下门槛效应模型：

$$INP_{i,t+1} = \chi_0 + \chi_1 DE_{i,t} + \chi_2 EP_{i,t} + \chi_3 DE_{i,t} \times I(EP_{i,t} < \gamma_1) + \chi_4 DE_{i,t} \times$$

$$I(\gamma_1 \leqslant EP_{i,t} < \gamma_2) + \chi_5 DE_{i,t} \times I(EP_{i,t} \geqslant \gamma_2) + \lambda \sum Control_{i,t} + \varepsilon_{i,t}$$

$$(3-4)$$

在模型（3-4）中，γ_1 和 γ_2 表示门槛值，I（·）表示指示函数。

3.4.4　变量选取与数据来源

被解释变量：高新技术产业的创新绩效。参考魏守华、姜宁和吴贵生（2009）、张倩肖和冯根福（2007）的做法，分别将新产品销售收入和专利申请数量作为高新技术产业创新绩效的测量指标。参考马永红和李保祥（2022）的做法，用高新技术产业的新产品销售收入表征高新技术产业的创新绩效，以 2011 年为基期，新产品销售收入利用工业生产者价格指数进行平减处理，取对数后作为被解释变量的样本数据；然后，利用专利申请数量作为替代变量进行模型稳定性检验。

解释变量：数字经济发展水平。对于数字经济发展的指标测度有很多方法，赵涛等（2020）和马琳（2021）选取每百人互联网用户数、每百人移动电话用户数、计算机服务和软件从业人员占比、人均电信业务总量、中国数字普惠金融指数和快递业务收入等指标，利用主成分分析法得到数字经济综合发展指数。万晓榆和罗焱卿（2019）从数字化投入方面、数字化产出方面和数字化环境方面进行测度，其中，数字化投入方面用互联网普及率衡量，数字化产出方面用电信业务收入衡量，数字化环境方面用知识产权保护力度衡量。马永红和李保祥（2022）主要从数字化、互联网和数字金融三个维度构建数字经济指标体系，其中，数字化包括 ICT 基础设施规模和信息化发展水平，互联网包括互联网普及率、互联网从业人员规模和移动互联网应用规模，数字金融包括数字金融普惠发展。本章参考刘军等（2020）的做法，从信息化发展、互联网发展和数字交易发展三个方面，对数字经济指数进行分解和构建。本章利用信息熵构建指标体系中的权重，陈明星等（2009）指出，信息熵是系统状态不稳定性程度的度量，信息熵越高，系统结构越均衡，变化越慢；信息熵越低，系统结构越不均衡，变化越快。因此，可以根据熵值大小，即各项指标值的变异程度计算权重，主要步骤为以下三步。

第一步：数据标准化。参考张彬等（2017）的做法，对指标评价体系中的数据利用极值法进行标准化处理：

$$Y_{ij} = \frac{X_{ij} - X_{i,max}}{X_{i,max} - X_{i,min}} \qquad (3-5)$$

$$Y_{ij} = \frac{X_{i,max} - X_{ij}}{X_{i,max} - X_{i,min}} \qquad (3-6)$$

在式（3-5）、式（3-6）中，$X_{i,max}$ 表示指标中的最大值，$X_{i,min}$ 表示指标中的最小值。式（3-5）表示正向指标，式（3-6）表示负向指标。

第二步：权重确定。

计算第 i 个地区、第 j 项指标的权重：

$$P_{ij} = \frac{Y_{ij}}{\sum_{i=1}^{m} Y_{ij}} \qquad (3-7)$$

在式（3-7）中，m 为地区数量。

计算第 j 项指标的信息熵值：

$$E_j = -\frac{1}{\ln m} \sum_{i=1}^{m} P_{ij} \ln(P_{ij}) \qquad (3-8)$$

计算第 j 项指标的信息熵冗余度为：

$$H_j = 1 - E_j \qquad (3-9)$$

第三步：综合指数。

计算第 i 个地区、第 s 个指标层的指标得分，q 为该指标层所含的指标总数：

$$Z_{is} = \sum_{i=1}^{q} W_j Y_{ij} \qquad (3-10)$$

计算第 i 个地区的综合评价指数，n 为指标层数目：

$$F_i = \sum_{i=1}^{n} Z_{is} \qquad (3-11)$$

数字经济指标评价体系，见表 3-1。

表 3-1　　　　　　　　　数字经济指标评价体系

一级指标	二级指标	具体说明
信息化发展	信息化基础	光缆密度
		移动电话基站密度
		信息化从业人员占比
	信息化影响	电信业务总量
		软件业务收入
互联网发展	固定端互联网基础	互联网接入端口密度
	移动端互联网基础	移动互联网普及率
	固定端互联网基础	宽带互联网人数占比
	移动端互联网基础	移动互联网人数占比
数字交易发展	数字交易基础	每百家企业拥有网站数
		企业使用计算机情况
		电子商务企业占比
	数字交易影响	电子商务销售额
		网上零售额

资料来源：笔者根据《中国统计年鉴》的相关数据计算整理而得。

调节变量：参考袁徽文和高波（2022）的做法，先进的企业家精神能够有效地整合和调整资源要素，提升企业全要素生产率，因此，以企业家的创业精神为调节变量。用高新技术产业中的中型企业从业人员平均人数占总从业人员平均人数的比重，衡量创业家创业精神。

控制变量：包括研发经费投入、研发人力资本和外商投资等变量。其中，研发经费投入用高新技术产业中 R&D 经费的内部支出表示；研发人力资本用高新技术产业中 R&D 人员折合全时当量表示；外商投资用外商直接投资额占地区总产值的比重表示。

本章的数据来自《中国统计年鉴》《中国高新技术产业统计年鉴》的相关数据计算整理而得，对于缺失的数据采用线性插值法补齐，并对新产品销售收入、专利申请数、R&D 人员折合全时当量和 R&D 经费都做了对数化处理。

3.5　实证分析

为了避免模型出现多重共线性，先对模型进行了多重共线性检验，发现模型的多重共线性程度较低，可以不做处理。利用豪斯曼（Hausman）检验，结果显示应选择固定效应模型。

3.5.1　面板数据模型的估计与检验

全国层面面板数据模型的估计结果，见表 3 - 2，可以发现，当被解释变量为新产品销售收入（INP1）时，在显著性水平为 1% 时，数字经济发展水平对被解释变量具有显著性影响，且偏系数的估计值为 0.969。这说明，当其他解释变量保持不变时，数字经济发展水平（DE）每提升 1%，高新技术产业的新产品销售收入（INP1）会随之增加 0.969%。当被解释变量为专利申请数量（INP2）时，在显著性水平为 1% 时，数字经济发展水平对被解释变量具有显著性影响，且偏系数的估计值为 1.001。这说明，当其他解释变量保持不变时，数字经济发展水平（DE）每提升 1%，高新技术产业的新产品销售收入（INP2）会随之增加 1.001%。总之，随着数字经济发展水平的提高，能够有效地提升高新技术产业的创新绩效。

表 3 - 2   全国层面面板数据模型的估计结果

变量	(1) INP1	(1) INP2
DE	0.969 *** (0.307)	1.001 *** (0.301)
FDI	1.068 ** (0.414)	0.856 ** (0.406)
L	0.308 ** (0.142)	0.437 *** (0.139)
K	0.925 *** (0.110)	0.469 *** (0.108)
常数项	0.153 (0.798)	- 2.829 *** (0.782)
N	240	240
R²	0.738	0.738

注：***、**、* 分别表示在1%、5%和10%的水平上显著，括号内为标准差。

资料来源：笔者根据《中国统计年鉴》《中国高新技术产业统计年鉴》的相关数据利用 Stata12.0 软件计算整理而得。

从全国层面来看，数字经济发展水平的提高能够有效地提升高新技术产业的创新绩效，但是，并未给出数字经济发展水平影响的区域异质性。更加详细地、有针对性地分析数字经济发展水平对地区层面高新技术产业创新绩效的影响，见分区域的面板数据模型的估计结果，见表 3 - 3。

表 3 - 3   分区域的面板数据模型的估计结果

变量	东部地区		中部地区		西部地区	
	INP1	INP2	INP1	INP2	INP1	INP2
DE	1.010 *** (0.318)	1.708 *** (0.356)	2.218 *** (0.662)	0.811 * (0.424)	1.170 * (0.611)	0.796 (0.672)
FDI	0.458 (0.324)	1.037 *** (0.362)	5.847 (4.343)	- 12.43 *** (2.784)	- 1.513 (2.850)	0.561 (3.135)
L	0.189 (0.172)	0.668 *** (0.193)	0.118 (0.286)	0.418 ** (0.183)	0.582 ** (0.244)	0.519 * (0.268)

续表

变量	东部地区		中部地区		西部地区	
	INP1	INP2	INP1	INP2	INP1	INP2
K	0.445 **	0.0230	0.640 **	0.217	0.886 ***	0.538 ***
	(0.179)	(0.200)	(0.260)	(0.167)	(0.173)	(0.190)
常数项	7.594 ***	0.430	5.175 ***	1.513	-1.046	-4.132 ***
	(1.826)	(2.043)	(1.787)	(1.146)	(1.167)	(1.283)
N	88	88	64	64	88	88
R^2	0.565	0.533	0.704	0.743	0.810	0.621

注：***、**、*分别表示在1%、5%和10%的水平上显著，括号内为标准差。

资料来源：笔者根据《中国统计年鉴》《中国高新技术产业统计年鉴》的相关数据利用 Stata12.0 软件计算整理而得。

由表3-3可以发现，在东部地区，无论被解释变量是新产品销售收入（INP1）还是专利申请数量（INP2），数字经济发展水平（DE）对被解释变量的影响都是显著的，且估计值均为正。在其他解释变量保持不变的情况下，数字经济发展水平（DE）每提高1%，高新技术产业的新产品销售收入（INP1）会随之提高1.010%；在其他解释变量保持不变的情况下，数字经济发展水平（DE）每提高1%，高新技术产业的专利申请数量（INP2）也会随之提高1.708%。这说明，在东部地区数字经济发展水平的提高，能够有效地提升该地区高新技术产业的创新绩效。

在中部地区，无论被解释变量是新产品销售收入（INP1）还是专利申请数量（INP2），数字经济发展水平（DE）对被解释变量的影响都是显著的，且估计值均为正。当显著性水平为1%时，在其他解释变量保持不变的情况下，数字经济发展水平（DE）每提高1%，高新技术产业的新产品销售收入（INP1）会随之提高2.218%；当显著性水平为10%时，在其他解释变量保持不变的情况下，数字经济发展水平（DE）每提高1%，高新技术产业的专利申请数量（INP2）也会随之提高0.811%。这说明，在中部地区，数字经济发展水平的提高能够有效地提升该地区高新技术产业的创新绩效。

在西部地区，当被解释变量为新产品销售收入（INP1）时，数字经济发展水平（DE）对被解释变量的影响是显著的。当显著性水平为10%，在其他解释变量保持不变的情况下，数字经济发展水平（DE）每增加1%，西部地区高新技术产业的新产品销售收入（INP1）会随之提高1.170%；但是，当被解释变量为专利申请数量（INP2），数字经济发展水平（DE）对被解释变量的影响虽然为正，但是不显著。总之，在西部地区，数字经济发展水平的提高，能够对该地区高新技术产业的创新绩效具有正效应。

虽然，对于东部地区、中部地区和西部地区而言，数字经济发展水平的提高在一定程度上都能够提升高新技术产业的创新绩效，但是，仍然存在区域间的差异性。东部地区数字经济发展水平对高新技术产业创新绩效的正效应，在三大区域中是最强的，中部地区次之，最后是西部地区。

3.5.2　交互效应模型的估计与检验

在证实了数字经济发展水平对高新技术产业的创新绩效具有正效应之后，本章在基准模型的基础上加入企业家精神以及数字经济发展水平与企业家精神之间的交互项，进而研究其对高新技术产业创新绩效的影响机制。交互效应模型的估计结果和检验结果，见表3-4。

表3-4　　　　　　　交互效应模型的估计结果和检验结果

变量	模型（3-2）		模型（3-3）	
	INP1	INP2	INP1	INP2
DE	0.975 ***	0.982 ***	1.161 ***	0.962 ***
	(0.308)	(0.301)	(0.317)	(0.313)
EP	0.234	-0.730	1.128	-0.827
	(0.559)	(0.546)	(0.691)	(0.683)
DE × EP			6.223 **	-0.670
			(2.874)	(2.839)

续表

变量	模型（3-2）		模型（3-3）	
	INP1	INP2	INP1	INP2
FDI	1.063 **	0.871 **	1.002 **	0.878 **
	(0.415)	(0.405)	(0.412)	(0.407)
L	0.296 **	0.474 ***	0.308 **	0.473 ***
	(0.145)	(0.142)	(0.144)	(0.142)
K	0.934 ***	0.441 ***	0.909 ***	0.444 ***
	(0.112)	(0.110)	(0.112)	(0.110)
常数项	0.0803	-2.603 ***	0.683	-2.545 ***
	(0.818)	(0.799)	(0.843)	(0.832)
N	240	240	240	240
R^2	0.738	0.595	0.744	0.595

注：***、**、*分别表示在1%、5%和10%的水平上显著，括号内为标准差。
资料来源：笔者根据《中国统计年鉴》《中国高新技术产业统计年鉴》的相关数据利用Stata12.0软件计算整理而得。

从表3-4中可以看出，在模型（3-2）中，数字经济发展水平对高新技术产业的创新绩效影响是显著的，并具有正效应。企业家精神对于高新技术产业的新产品销售收入（INP1）的影响具有正效应，而对专利申请数（INP2）具有负效应，但是，从t检验结果来看，企业家精神对高新技术产业创新绩效的影响是不显著的。在模型（3-3）中，数字经济发展水平对高新技术产业的新产品销售收入（INP1）和专利申请数（INP2）的影响为正，且显著；但是，企业家精神对高新技术产业的新产品销售收入（INP1）和专利申请数（INP2）的影响不显著；数字经济发展水平和企业家精神的交叉项（DE×EP）对高新技术产业的新产品销售收入（INP1）的影响是显著的且具有正效应，但是，对专利申请数（INP2）的影响不显著。这说明，企业家精神对高新技术产业的创新绩效存在影响效应，数字经济发展水平可以通过企业家精神提高对高新技术产业创新绩效的影响程度。

3.5.3 门槛效应模型的估计与检验

研究数字经济发展水平与企业家精神的耦合效应，检验企业家精神的单门槛效应和双门槛效应，并对门槛效应模型进行估计和检验。门槛效应的检验结果，见表3－5。可以发现，当被解释变量为新产品销售收入（INP1）时，企业家精神存在显著的单门槛效应；当被解释变量为专利申请数量（INP2）时，企业家精神存在显著的双门槛效应。这说明，数字经济发展水平与企业家精神之间可能存在耦合效应。

表3－5　　　　　　　　　门槛效应的检验结果

门槛变量	估计门槛数	门槛估计值	
		INP1	INP2
EP	单门槛	0.3622 * (0.0930)	0.1608 ** (0.0030)
	双门槛		0.4743 * (0.0830)

注：＊＊＊、＊＊、＊分别表示在1%、5%和10%的水平上显著，括号内为P值。
资料来源：笔者根据《中国统计年鉴》《中国高新技术产业统计年鉴》的相关数据利用Stata12.0软件计算整理而得。

面板门槛模型的估计结果和检验结果，见表3－6。结合表3－5和表3－6可知，当被解释变量为新产品销售收入（INP1）时，企业家精神门槛值为0.3622。当企业家精神的值低于0.3622时，数字经济发展水平的系数是显著不为零，且估计值为0.922；当企业家精神的值高于0.3622时，数字经济发展水平的系数是显著不为零，且估计值为2.845。这说明，随着企业家精神的值增大，数字经济发展水平对高新技术产业新产品销售收入的影响是随之提高的。

表3－6　　　　　　　　面板门槛模型的估计结果和检验结果

变量	（1）	（2）
	INP1	INP2
EP	－0.572 (0.583)	－0.359 (0.496)

变量	(1)	(2)
	INP1	INP2
FDI	1.098 ***	0.669 *
	(0.402)	(0.362)
L	0.354 **	0.332 ***
	(0.142)	(0.126)
K	0.861 ***	0.480 ***
	(0.110)	(0.0965)
DE × (EP < γ)	0.922 ***	
	(0.299)	
DE × (EP > γ)	2.845 ***	
	(0.580)	
DE × (EP < γ_1)		-1.918 ***
		(0.715)
DE × (γ_1 < EP < γ_2)		1.125 ***
		(0.265)
DE × (EP > γ_2)		-5.479 ***
		(1.057)
常数项	0.660	-1.833 **
	(0.808)	(0.709)
N	240	240
R^2	0.755	0.690

注：＊＊＊、＊＊、＊分别表示在1%、5%和10%的水平上显著，括号内为标准差。

资料来源：笔者根据《中国统计年鉴》《中国高新技术产业统计年鉴》的相关数据利用Stata12.0软件计算整理而得。

当被解释变量为专利申请数量（INP2）时，数字经济发展水平的企业家精神门槛值为0.1608和0.4743。当企业家精神的值低于0.1608时，数字经济发展水平的系数显著为负，且估计值为-1.918。这说明，当企业家精神具有保守性时，数字经济发展水平在一定程度上降低了高新技术产业的创新绩效；当企业家精神的值高于0.1608，且低于0.4743时，数字经济发展水平的系数显著为正，且估计值为1.125。这说明，当企业家精神具有创新性时，数字经济发展水平能够促进高新技术产业创新绩效的提高；当企业家精神的值高于 0.474 3 时，数字经济发展水平的系数显著为负，且估计值为 −5.479。这说明，如果企业家精神具有冒险性，数字经济发展水平会抑制高新技术产业创新绩效提升。

总之，随着企业家精神由"保守—创新—冒进"的变化，数字经济发展水平对高新技术产业的专利申请数量的影响呈倒"U"型。

3.6 结论与政策建议

本章利用2010～2019年中国高新技术产业的相关面板数据，研究数字经济发展水平对高新技术产业创新绩效的影响机制以及作用机制，通过构建基础面板数据模型、交互效应模型和面板门槛效应模型进行分析研究。具体来说有以下四点。

（1）从全国层面来看，数字经济发展水平的提高，对高新技术产业的新产品销售收入和专利申请数量具有显著的正效应，能够有效地提升高新技术产业的创新绩效；从区域层面来看，对于东部地区、中部地区和西部地区而言，数字经济发展水平的提高在一定程度上能够提升高新技术产业的创新绩效，但是，仍然存在区域间的差异性。东部地区数字经济发展水平对高新技术产业创新绩效的正效应在三大区域中是最强的，中部地区次之，最后是西部地区。

（2）将企业家精神引入模型后，数字经济发展水平对高新技术产业创新绩效的影响是显著的并具有正效应，企业家精神对高新技术产业的创新绩效具有正效应，但是影响并不显著。数字经济发展水平和企业家精神的交互项对高新技术产业新产品销售收入的影响是显著的，且具有正效应，但是，对专利申请数的影响不显著。总体来说，数字经济发展水平和企业家精神存在交互效应，数字经济发展水平可以通过企业家精神提高对高新技术产业创新绩效的影响程度。

（3）当被解释变量为新产品销售收入时，数字经济发展水平的企业家精神存在显著的单门槛效应，并且，随着企业家精神增强，数字经济发展水平对高新技术产业新产品销售收入的影响随之增强。

（4）当被解释变量为专利申请数量时，数字经济发展水平与企业家精神存在显著的双门槛效应，并且，随着企业家精神由"保守—创新—冒进"的变化，数字经济发展水平对高新技术产业专利申请数量的影响呈倒"U"型。

数字经济成为中国经济高质量发展的重要驱动力，也成为国民经济增长的重要支撑。在新的经济发展时代，把握数字经济发展的新形势、新特征和新要求，进一步做大、做优、做强中国数字经济，强化技术引领、推动产业融合，把握产业自主创新，从而提高数字基础研发能力，加强数字关键核心技术攻关。加强数字经济在产业创新中的影响力，进而推动其向中高端产业链迈进。

数字经济已经成为高新技术产业长远发展的坚实基础，对高新技术产业创新绩效的提升起到推进作用，因此，进一步加强数字化基础设施建设，尤其是我国中西部地区的相关产业深化产业数字化并加快发展数字经济；鼓励各个地区高新技术产业创新的积极性，加大高新技术产业的研发资金投入和研发人员投入，进一步促进创新绩效提升；进一步提升数字经济应用水平，与先进数字核心技术融合，利用"5G＋工业互联网"的全球领先优势，促进高新技术产业数字化新业态和新模式不断创新；增强企业家精神，提高企业自主创新能力，提高企业创新效率；在数字经济迅速发展的背景下，政府和企业要不断加强信息基础设施建设，加大云计算、5G、人工智能等数字经济基础设施，努力培育数字经济发展的新动能。

4 数字经济背景下智能化应用对中国社会全要素生产率的影响

4.1 概述

随着全球经济需求的持续推动，诸多新理论、新技术均得到快速发展，其中，人工智能技术作为近年来世界经济发展的重要驱动力，在各个行业逐渐得到广泛运用。与此同时，中国政府制定了一系列政策措施加快人工智能的发展步伐，如《"互联网＋"人工智能三年行动实施方案》《新一代人工智能发展规划》《国家新一代人工智能创新发展试验区建设工作指引》等，使得该技术在中国宏观经济中的应用持续深入，并逐渐成为中国产业结构变革的重要驱动力。在此背景下，关于人工智能等新技术应用如何有效地提升社会全要素生产率，促进经济的可持续增长得到全社会的广泛关注。社会全要素生产率是一个国家或地区经济持续稳定增长的关键要素，随着中国人口红利逐渐消失，老龄化趋势日益加剧，导致劳动力对宏观经济的贡献受到显著制约。因此，在劳动力供应持续减少的情况下，为了保持中国经济持续稳定增长，要将粗放型经济向集约型经济转变，改变原有的劳动密集型模式，实现人口数量驱动向技术驱动转变。

自 1987 年索洛提出生产率悖论以来，诸多学者对技术进步能否有效地提升社会全要素生产率进行了深入探讨，但其研究结论尚存在许多争议。本章总结了两种观点：一是新技术应用能够持续推动社会全要素生产率提高，较早的研究，如，斯蒂芬和奥林纳（Stephen and Oliner，2000）对技术因素在美国 20 世纪 90 年代经济中的作用进行评估，结果显示，该因素对社会全要素生产率提升的贡献度约占 2/3；格雷茨和迈克尔斯（Graetz and Michaels，2018）对 1993～2007 年 17 个国家（地区）的行业采用机器人的面板数据，研究发现，机器人使用量的增加为年度社会全要素生产率贡献了约 0.36%。二是新技术应用对社会全要素生产率的正向效应不显著，甚至可能存在抑制作用。如，布林约夫森和洛克（Brynjolfsson and Rock，2017）指出，新技术应用能否有效地促进社会全要素生产率的提高，取决于配套设施的建设；阿西莫格鲁和雷斯特雷波（Acemoglu and Restrepo，2018）指出，过度自动化可能危及其他提高社会全要素生产率的技术，这不仅会对企业的生产效率构成直接的负面影响，而且，造成的资源浪费将会进一步拉低全要素生产率。

新技术应用能够对一个国家（地区）的经济结构形成显著影响，且不同类型的集聚效应将在新技术应用过程中对经济发展产生一定的调节作用。一些中文文献从人口集聚视角进行分析，如张平等（2010）对中国的城市化与经济增长的关系进行深入研究，发现城市化水平与单位资本 GDP 的相关系数高达 0.85，原因在于，人口和资源的空间集聚产生了规模收益递增效应；谢里等（2012）选取 1994～2004 年 36 个国家的数据样本分析得出，不同地区的经济增长均存在一个最优的人口集聚度，只有当人口集聚水平保持在最优人口规模时，才能在最大程度上促进当地经济增长。李晓阳等（2020）考察了人口集聚对经济发展的影响以及这种影响的异质性作用机制，发现人口集聚对经济发展的影响呈倒"U"型，人口集聚通过人力资本、城市化和劳动力共享促进经济发展，同时，表明劳动力共享的效应最大。与李晓阳等（2020）的结论一致，刘洁等（2022）阐述了人口集聚对高质量发展的作用机制，也发现人口集聚对经济高质量发展的影响呈倒"U"型，并表示人口集聚通过城镇化机制能够间接促进经济高质量发展。也有学者从金融集聚视角进行探讨，如余泳泽等（2013）以地级市数据为研究样本，发现金融集聚带来的交易成本下降能够提升全要素生产率，且周边城市的社会全要素生产率水平也会因空间外溢效应得到提高；张玄等（2019）以民营经济为切入点分析金融集聚对全要素生产率的影响，结果表明，金融集聚带来的融资环境改善，能够通过技术创新促进区域民营经济生产率提升。

基于此，本章选取 2003~2017 年省级层面的面板数据，尝试从人口集聚角度、金融集聚角度出发，实证分析智能化应用对社会全要素生产率的影响，并探讨人口因素与金融集聚因素在智能化应用与社会全要素生产率之间的调节效应。最后，考虑到人力资本水平与金融集聚程度的差异性，进一步分析人口技能差异、金融发展程度等因素对全要素生产率的影响。

4.2 相关理论研究

作为宏观经济可持续增长的重要驱动力，人工智能等新兴技术的应用受到诸多学者的广泛关注。为了更好地分析智能化应用对社会全要素生产率的影响，下面，主要从智能化应用的经济效应以及社会全要素生产率的影响因素三个角度进行文献梳理。

（一）智能化应用的经济效应

近年来，关于智能化应用的经济效应的相关研究，主要集中在对人工智能的就业效应以及产业结构的转型升级等方面，也有部分文献从劳动者结构、企业绩效等微观层面研究智能化应用的经济影响。具体来说，有以下三方面。

第一，从就业效应视角来看，智能化应用对就业的影响主要表现为替代效应和创造效应。替代效应主要是指，部分工作岗位逐渐被工业机器人所代替，进而导致劳动力市场就业岗位减少，其中，对制造业的影响最显著。代表性文献，如，阿西莫格鲁和雷斯特雷波（2017）以 1990~2007

年为时段，分析了工业智能化对美国劳动力市场的影响，结果显示工业机器人的使用将会导致就业率下降 0.18% ~ 0.34%。闫雪凌等（2020）基于制造业数据，发现工业机器人的使用对就业存在负向影响，当机器人的安装量每上升 1% 时，就业岗位会相应下降 4.6%。创造效应主要是指，智能化应用能够通过开辟新业态、新模式，创造就业岗位。如，托马斯（Thomas，2017）基于 EU KLEMS 数据论证了技术投资与劳动者就业的积极关系。维梅伦等（Vermeulen et al.，2018）将多部门结构变迁的演化经济模型与劳动经济理论相结合，发现劳动者可以在新部门就业或外溢部门就业。总体来说，智能化应用对劳动力市场的影响是有利的，即智能化发展的逐渐深入并未通过替代效应而加剧失业，而更多地表现为通过创造效应促进就业。

第二，从产业结构视角来看，智能化技术在宏观经济领域的深入应用将改变原有生产模式，重塑产业结构。相关研究主要包括两个方面：一是要素转移视角。智能化技术的广泛应用，将逐渐实现产业智能化，导致劳动力和资本等生产要素重新配置。同时，技能需求的变化也将改变就业结构，即具有重复性、低技术含量的劳动者向服务业转移，实现跨行就业，而对高技能劳动者的需求将持续增加，主要在于高技能劳动者更易与新兴技术形成互补效应（Morikawa，2017；孙早和侯玉琳，2019）。因此，智能化应用通过生产要素的优化配置，推动产业结构转型升级。二是人口老龄化视角。随着中国人口红利逐渐消失，老龄化趋势日益加剧，导致劳动力对宏观经济的贡献受到显著制约，因此，实现人口数量驱动向技术驱动转变，将成为推动中国经济可持续增长的重要途径。如，汪伟等（2015）基于 1993 ~ 2013 年中国省级面板数据，研究发现，人口老龄化通过降低全要素生产率，减缓产业转型升级步伐，倒逼企业加快技术与资本替代劳动力的进程，进而推动产业结构升级。

第三，基于其他视角的研究。如，布林约夫森等（2014）认为，智能化发展使机器在认知方面取得巨大进步并进行深度学习，使其具备更多样化的技术与功能，进而通过自我复制创造更多资本。兰基施

（Lankisch，2017）考察了高技能劳动者与新兴技术的互补性关系，即让廉价劳动力失去竞争优势，最终导致低技能劳动者工资降低、高技能劳动者工资提升这一极化现象的出现。何小钢等（2019）、李婉红和王帆（2022）分别从劳动力结构、成本黏性视角分析智能化应用对企业生产率及经营绩效的影响。

（二）全要素生产率的影响因素

企业全要素生产率是指，企业生产要素投入产出的效率，即企业投入的各种生产要素最终形成的有效产出。肯德里克（Kendrick，1956）指出，全要素生产率是企业生产资源投入与最终产量之间的比值，可以衡量企业生产资源的有效利用程度和整体资源配置情况。索洛（1957）把全要素生产率增长归结为技术进步，不考虑资本和劳动等其他要素投入的贡献。鲁晓东和连玉君（2012）表示，全要素生产率反映了单位产出的平均水平，即各要素最终通过生产转化为产出的总体效率。马西莫等（Massimo et al.，2011）指出，全要素生产率不仅包括技术水平，还包括知识水平、管理技能、资源配置能力等其他生产要素投入转化为产出的效率。关于全要素生产率影响因素的研究相对较多，宏观层面的文献主要从产业政策、集聚效应以及技术进步等方面进行研究，微观层面的文献相对较少，研究视角包括研发投入、企业规模以及管理效率等方面。相关文献具体有以下两点。

第一，从宏观层面的研究来看，部分学者考察产业政策对社会全要素生产率的影响，如，宋凌云等（2013）指出，产业政策能够通过鼓励、限制或淘汰落后的生产能力实现资源再分配，使得资源由低效率企业向高效率企业转移，最终带来全要素生产率提升。叶祥松和刘敬（2018）从研发异质性视角分析政府补贴对全要素生产率的影响，结果发现，政府对科学研究的补助能够提高全要素生产率，而技术开发补助会抑制全要素生产率的改善。也有学者考察集聚效应对全要素生产率的影响，如赵永亮等（2014）指出，中国经济的产业集聚并未完全实现资源配置结构优化及推动技术进步，从而使得中国全要素生产率有一定的下行压力。曲玥和赵鑫（2022）从产业集聚对全要素生产率影响的角度，探讨了产业有序转移、梯次升级以促进区域协调发展的相关措施，研究发现中国制造业主要集聚在东部地区，同时，东部地区劳动密集型产业已向中西部转移，资本密集型行业和技术密集型行业的集聚水平不断提高，有利于东部地区全要素生产率提高。黄庆华等（2020）考察了产业集聚对长江经济带经济高质量发展的影响，发现产业集聚提高了该区域的技术创新效率，推动了绿色生产率发展。部分中文文献认为，技术进步能够推动全要素生产率提高。如，李小平和李小克（2018）、何小钢等（2019）分别从偏向性技术进步、信息技术等视角，考察技术创新对全要素生产率的影响。

第二，从微观层面研究来看，一些中文文献考察研发投入对全要素生产率的影响，如李静等（2013）考察存在研发投入行为与未实施研发活动企业的生产率差异，发现研发投入对企业生产率的溢出效应大约为16.5%。孔东民和庞立让（2014）指出，研发投入对全要素生产率的提升存在一定滞后效应，且人力资本因素与市场竞争因素通过研发投入对全要素生产率存在显著的边际影响。靳来群（2022）研究发现，研发资本与研发劳动的配置扭曲是导致全要素生产率损失的重要原因，同时，发现研发投入利用效率与研发成果转化效率的损失是研发要素配置扭曲，全要素生产率提升的中间渠道实现研发要素投入从过度地区向不足地区转移，对中国全要素生产率的快速提升有重要意义。也有从其他视角的相关研究文献，如，孙晓华和王昀（2014）通过构建半对数模型分析企业规模对全要素生产率的影响，发现行业的要素密集度差异能够对企业规模分布与全要素生产率水平之间的关系产生影响。程虹（2018）指出，管理效率对中国全要素生产率增长存在显著的正向因果效应，并测算出管理效率每提升10%，对全要素生产率的边际贡献将达到14.2%。

（三）智能化对全要素生产率的影响

关于智能化对全要素生产率的影响主要包含以下两种观点。

第一种观点认为，智能化能够显著改善全要素生产率。较早的研究如法尔等（Faere et al.，2006）发现，技术投资与全要素生产率之间存在正向相关性，即技术投资是提升全要素生产率的有效路径。智能化应用在中国起步较晚，因此，相关中文文献相对较少。如曹静和周亚林（2018）分别从理论模型及实证分析两个视角，阐述了人工智能对全要素生产率及经济增长的影响。魏玮等（2020）通过建立面板平滑转换模型，研究发现，工业智能化能够提高生产技术，促进全要素生产率，且在不同工业智能发展阶段，劳动力结构对全要素生产率的影响存在较大差异。陈永伟和曾昭睿（2020）利用中国的省级面板数据考察了使用工业机器人对全要素生产率的影响，研究发现使用工业机器人主要通过改进技术效率及促进规模效益两方面，对全要素生产率构成影响。

第二种观点认为，智能化并不一定能够显著促进全要素生产率提升。如阿西莫格鲁和雷斯特雷波（2018）通过构建理论模型，数值模拟得出人工智能对就业的替代作用，导致人工智能技术应用与劳动力技能可能存在不适应的情形，进而阻碍全要素生产率提升。格雷茨和迈克尔斯（2018）研究发现，工业机器人的使用能够在一定程度上提升全要素生产率，但随着机器人使用密度的增加，其边界效应也将快速下降。中文文献，如，郭敏和方梦然（2018）基于国际实践发现，劳动生产率的滞后效应与错误的人工智能统计均导致生产率悖论的发生，即人工智能应用并未促进全要素生产率改善。杨虎涛（2018）指出，目前的人工智能发展仍处于弱人工智能领域，弱人工智能对宏观经济的影响将再次出现"索洛悖论"，即短期内实际工资和劳动生产率并不会显著提升。

4.3　理论分析

4.3.1　智能化应用与全要素生产率

在通常情况下，人工智能作为一种新兴技术，其对全要素生产率的影响往往具有正向推动作用，这主要体现在以下四个方面。

第一，从替代性角度来讲，企业的智能化应用能够实现对部分基础工作岗位的替代，如基瓦（Kiva）仓库管理系统，利用机器人将库存箱从储存地点运送至工作地点，替代劳动者执行程序化任务，大大提高了企业经营效率。显然，智能化应用使得重复性的工作自动化，突破了劳动者在工作强度、准确性、持久性等方面的限制，提升全要素生产率。

第二，从互补性角度来讲，智能化应用与人力资本之间存在相辅相成的关系，高技能劳动者具有学习、创造、应变等方面的比较优势，能够与智能化深入应用带来的新任务进行有效配合，最终带来生产效率改善。

第三，从要素配置角度来讲，智能化发展所构建的数字化网络平台改变了企业的组织结构，不仅提高了要素流动效率与利用效率，而且，加强了上下游产业链联动，使得企业能够快速获取信息，及时对市场做出反应，进而提高全要素生产率。

第四，从成本角度来讲，智能化应用所带来的规模效应提升与人力资本需求下降均可以有效地节约企业成本，提升企业经营效率。

虽然理论上智能化应用对全要素生产率的提升具有正向影响，但部分学者研究发现，人工智能领域仍然存在"生产率悖论"现象（Syverson，2017），即智能化应用并未使得全要素生产率出现较大程度的提升。究其原因，主要包括两个方面：一是当企业偏向智能化的要素投入时，将会相应减少对劳动者的雇用，然而，智能化投资具有研发周期长、见效慢等特点，使得企业短期内难以通过智能化应用填补劳动力下降带来的空缺，最终导致企业生产率下滑；二是智能化应用对全要素生产率的推动作用并非自动实现，而是需要与基础设施、人力资源等形成有效配合，因此，在磨合期内，企业生产率往往会出现一定程度的回落。

基于上述理论发现，以人工智能为代表的技术变革能否有效地促进全要素生产率提升尚存在许多争议，因此，本章提出以下假设。

H4 –1a：智能化应用对全要素生产率存在显著的推动作用；

H4 –1b：智能化应用对全要素生产率不存在显著的推动作用。

4.3.2 人口集聚与全要素生产率

根据集聚经济学理论，人口集聚存在诸多优势，其中，最重要的核心机制在于规模收益递增，即地区人口集聚可以促进该区域经济产出数量增加，其主要原因在于：一是劳动者在地理位置的相对集中能够保持该地区就业人员多样化，不仅增加企业的选择空间，而且使得劳动者获得充分就业机会，当劳动者与就业岗位实现最优配置时，社会全要素生产率将得到有效提升；二是人口集聚将使得该地区形成知识、思想和经验的"信息库"，提升信息流动效率，降低人与人之间的交流沟通成本，进一步提高技术创新可能性，为全要素生产率的提升创造更多条件；三是人口集聚带来的竞争效应将会促使劳动者注重个人能力提升，提高全社会人力资本水平，提升企业经营效率。

人口集聚可以定义为人口动态迁移过程中的一种行为方式，劳动者向某一地区集聚，可以促进思想文化交流，帮助其掌握新知识、新技能，更好地实现技术进步对全要素生产率的推动作用。斯松和侯（Ciccone and Hall，1996）基于美国的县级数据考察人口密度对全要素生产率的影响，研究发现，人口密度每增加 1 倍会使当地全要素生产率提高约 6%；斯松（2002）对欧洲工业化国家（如法国、德国等）的集聚效应进行估计，再次验证了人口聚集与全要素生产率之间的正相关关系；阿贝尔等（Abel et al.，2012）基于美国城市生产率模型，发现人口聚集对全要素生产率存在正向影响。对该问题进行研究的一系列中文文献，如范剑勇（2006）、刘修岩（2009）均发现，就业密度对社会生产率具有推动作用，即存在集聚效应；陈心颖（2015）采用 2000～2012 年的省级面板数据研究发现，人口集聚度上升能够提高社会生产率，且人口聚集度与劳动生产率之间呈倒"U"型关系，并具有显著的三重非线性门槛特征；张同斌（2016）以中国地市级面板数据为研究样本，考察中国经济增长的动力转换机制，发现人力资本向大中城市集聚提高了全要素生产率与整体经济效益。

既有文献对人口集聚能否提升全要素生产率进行了一系列探讨，其观点主要认为，劳动者的异质性因素在人口集聚与全要素生产率的相互作用中存在重要影响。如，维纳布尔（Venables，2011）探讨城市环境与劳动者自我选择关系时发现，高技能劳动者组合带来的知识溢出效应对全要素生产率的影响要明显高于低技能劳动者；张先锋（2018）分析了人口集聚对城市生产率的影响机制，同时，研究了人口集聚的人力资本效应对城市全要素生产率的影响，发现人口集聚通过人力资本效应能够促进城市全要素生产率提高。何小钢等（2019）阐释了人力资本结构提升信息通信技术生产率效应的微观机制，认为高技能劳动力能够有效地匹配 ICT 应用所带来的生产方式与组织结构变革。杨东亮和李春凤（2020）利用固定效应模型和分位数回归模型，对高技能人口集聚与全要素生产率之间的关系进行分析，研究发现，高技能人口集聚对全要素生产率存在显著的推动作用。

基于上述理论可以发现，人口集聚因素能够对全要素生产率的提升起到一定调节作用，而新技术运用与劳动者之间的互补性更多地体现在高技能劳动者的人口集聚，即在不同劳动力结构情况下，新技术应用对全要素生产率的影响可能存在一定差异。因此，本章提出以下假设。

H4 – 2a：高技能人口集聚在智能化应用对全要素生产率影响过程中存在正向调节效应。

H4 – 2b：低技能人口集聚在智能化应用对全要素生产率影响过程中不存在调节效应。

4.3.3 金融集聚与全要素生产率

金融集聚主要是指，金融机构根据自身的定位需求逐渐向特定的地理区域集中，使该地区的金融资源达到一定的总体规模。金融集聚程度越高，带来的外部资本越多，这在更大程度上保障企业研发投入的持续性和稳定性，促进该区域技术进步与全要素生产率提高。关于金融集聚因素的具体影响，主要表现为三个方面：第一，缓解融资约束困境。技术的创新与应用作为一项长期工程，不仅需要大量人力和物力，也离不开资金支持，金融集聚可以降低企业的信贷约束，将金融资源导向研发驱动的行业或企业，鼓励创新型企业进行技术创造和技术升级，最终提高全要素生产率。第二，促进金融资源有效配置。金融集聚缩短了金融机构之间以及金融机构与企业之间的空间距离，能够加强彼此的信息沟通与信息交流，信息成本降低有利于实现相关企业与金融机构共赢，即金融资源利用效率的提高，不仅能够满足技术研发的资金投入，而且，创造了稳定的现金流，使得企业全要素生产率得到提升。第三，有利于企业规模经济实现。金融集聚将使得该地区投融资更为便利，市场流动性得到快速提高，企业融资成本和投资风险相对下降，这些因素均有助于企业实现规模经济。此外，投资咨询、信用评级、资产评估等一系列相关辅助性产业或社会中介服务业的发展，将有助于金融机构整体服务水平提高，带来的技术创新会进一步推动全要素生产率增长。

金融机构在资源配置过程中，将减少或者禁止资源流向污染严重的行业或企业。如贷前审查，预先把控资金流向，使其流入污染较少的企业；贷后监管，避免企业投资高污染项目，使资金得到合理应用。金融体系的发展，为企业获取更大外部融资创造了条件，为技术创新的长期化、稳定化、持续性提供了保证。塔德塞（Tadesse，2005）以38个国家的10个行业的面板数据，探讨了金融发展在解释各国全要素生产率差异中的作用，结果表明，金融发展通过鼓励技术创新和技术刺激了生产力。尤其在银行业发达的国家，技术创新获得的生产率收益所占份额要大得多。布鲁哈特和马蒂斯（Bruelhart and Mathys，2008）估计集聚经济对欧洲地区社会生产率的影响时发现，金融服务业的行业密度对生产率产生了显著的正效应。中文文献也对该问题进行了一系列研究。金融发展存在诸多优势，如，吸引外商直接投资、为外资企业提供金融服务、储蓄更易转变为投资等，有利于将其潜在的溢出效应转变为实际生产力，促进经济增长（韩廷春，2001；孙力军，2008）。李健和卫平（2015）基于金融规模发展和金融效率发展两个视角，分析了金融发展与全要素生产率的关系，研究发现，金融发展对全要素生产率的发展具有驱动作用，且在全要素生产率增长效应方面，金融发展效率要明显高于金融发展规模。张帆（2017）、王小腾等（2018）、李占风和郭小雪（2019）也得出了类似结论。由此可知，金融体系在全要素生产率提高方面具有重要作用。

部分中文文献探讨了金融集聚能否提升全要素生产率以及经济绩效，多数观点认为，金融集聚对全要素生产率及经济绩效具有正向推动作用。如，张浩然（2014）指出，金融集聚不仅能够提高当地全要素生产率，而且，在不同城市间具有明显的外溢效应；李健旋和赵林度（2018）通过构建动态空间面板模型，得出金融集聚能够提升城市总体生产率，并导致城市内部的城乡收入差距扩大。张玄等（2019）指出，金融集聚因素能够增加企业的信贷资本总额，改善区域融资环境，并通过技术外溢效应对不同区域的民营经济生产率构成影响。

基于上述理论可以发现，金融集聚能够通过构建更宽松的融资环境，使得企业创新获得更多资金支持，进而促进技术创新升级，全要素生产率也随之得到提升。因此，本章提出以下假设。

H4-3：智能化应用对全要素生产率的影响受到金融集聚因素的正向调节作用。

4.4 研究设计

4.4.1 样本选择和数据来源

本章选取的研究样本来自 2003～2017 年中国的 30 个省（区、市）[1]。本章使用的相关指标，包括各省（区、市）的智能化应用水平、人均产出、人口集聚、金融集聚、基础设施、政府干预、老年人口抚养比等，所采用的数据主要来源于《中国统计年鉴》以及国家统计局网站等。鉴于变量之间的量纲存在差异，本章对智能化应用水平、全要素生产率、基础设施等数据均进行了对数化处理，共获得 450 个观测值。

（1）被解释变量。全要素生产率（LAP）是指，各省（区、市）的投入产出效率，参考杨东亮和李春凤（2020），以各省（区、市）就业人口的人均产出作为代理变量来衡量。同时，根据产业结构特征，分别以各省（区、市）第二产业增加值和第三产业增加值与就业人数之比，估算第二产业生产率（LAP2）和第三产业生产率（LAP3），作为全要素生产率的替代变量进行稳健性检验。

（2）解释变量。智能化应用水平（lnAI）。智能化应用规模是指，各省（区、市）人工智能技术的应用程度。参考波兰德和科利（Borland and Coelli，2017），以中国的 30 个省（区、市）的"信息传输、计算机服务和软件业全社会固定资产投资"来衡量各省（区、市）智能化应用水平。

（3）调节变量。①人口集聚（DZ）。人口集聚是指，各省（区、市）的人口密度，借鉴赵伟和李芬（2007）的做法，以文化程度为标准对高技能人口、低技能人口进行分类。其中，高技能人口的代理变量为大

---

[1] 由于西藏自治区相关数据缺失，中国的 30 个省（区、市）的数据未包括西藏自治区的数据。

专及以上学历,低技能人口的代理变量为大专以下学历,并分别将其与对应省(区、市)面积的比值度量高技能人口的集聚水平(DUZ)和低技能人口的集聚水平(DDZ)。②金融集聚(FIN)。金融集聚是指,各省(区、市)的金融发展程度,基于主流文献的做法,采用区位熵方法衡量某产业在特定区域的集聚程度。具体计算公式可表达为:(地区某产业总产值/地区工业总产值)/(某产业全国总产值/全国工业总产值)。对于金融业而言,本章定义衡量金融聚集程度的具体表达式如下:

$$FIN_{ij} = \frac{FN_{ij}/GDP_i}{FN_j/GDP}$$

其中,FN_{ij} 表示地区 i 的金融业增加值,GDP_i 表示国内生产总值,FN_j 表示全国的金融业增加值,GDP 表示国内生产总值。

(4)控制变量。①基础设施(INF),以各省(区、市)的铁路营业里程数衡量当地的基础设施水平;②人力资本水平(EDU),以各省(区、市)教育支出与财政支出的比重估算当地的人力资本水平;③产业结构(IS),以各省(区、市)第三产业增加值与当地国内生产总值之比衡量当地的产业结构情况;④政府支出(GOV),以各省(区、市)政府财政支出占当地国内生产总值的比例衡量当地的财政支出水平;⑤老年人口抚养比(PSR)。以各省(区、市)15~64 岁人口与 65 岁及以上人口的比例衡量当地老龄化程度,即老年人口抚养比较低时,表示该省(区、市)的老龄化程度较高。变量说明,见表4-1。

表4-1　　　　　　　　　变量说明

变量类型	变量名称	符号	变量定义
被解释变量	全要素生产率	LAP	人均产出
	第二产业生产率	LAP2	第二产业增加值/第二产业就业人数
	第三产业生产率	LAP3	第三产业增加值/第三产业就业人数
解释变量	智能化水平	lnAI	信息传输、计算机服务和软件业全社会固定资产投资

变量类型	变量名称	符号	变量定义
调节变量	高技能人口集聚	DUZ	高技能人口/各省（区、市）的总面积
	低技能人口集聚	DDZ	低技能人口/各省（区、市）的总面积
	金融集聚	FIN	（地区金融业增加值/地区生产总值）/（全国金融业增加值/国内生产总值）
控制变量	基础设施	INF	铁路营业里程
	人力资本水平	EDU	教育支出/财政支出
	产业结构	IS	第三产业增加值/当地国内生产总值
	政府支出	GOV	财政支出/当地国内生产总值
	老年人口抚养比	PSR	15～64岁人口/65岁及以上人口

资料来源：笔者根据《中国统计年鉴》的相关数据整理而得。

4.4.2　模型构建

为了验证智能化应用是否对全要素生产率具有提升作用，本章构建如下基础面板回归模型：

$$\mathrm{LAP}_{i,t} = \alpha_0 + \alpha_1 \ln \mathrm{AI}_{i,t} + \alpha_2 \mathrm{controls}_{i,t} + \varepsilon_{i,t} \qquad (4-1)$$

在模型（4-1）中，LAP表示全要素生产率；$\ln \mathrm{AI}_{i,t}$表示智能化应用水平；$\mathrm{controls}_{i,t}$表示控制变量集。本章选取的控制变量（$\mathrm{controls}_{i,t}$）包括基础设施、人力资本水平、产业结构、政府支出以及老年人口抚养比等，同时，模型对年份和地区进行控制。如果系数α_1显著为正，则表明智能化应用能够提升全要素生产率。

为了验证人口集聚因素能否在智能化应用与全要素生产率之间起到正向调节效应，本章在基础面板回归模型（4-1）的基础上增加了变量人口集聚$\mathrm{DZ}_{i,t}$以及$\ln \mathrm{AI}_{i,t}$与$\mathrm{DZ}_{i,t}$的交互项（$\ln \mathrm{AI}_{i,t} \times \mathrm{DZ}_{i,t}$），同时，考虑到劳动者的异质性，本章将人口集聚因素的代理变量$\mathrm{DZ}_{i,t}$区分为高技能人口集聚$\mathrm{DUZ}_{i,t}$和低技能人口集聚$\mathrm{DDZ}_{i,t}$，得到模型（4-2）、模型（4-3）和模型（4-4）。

$$\mathrm{LAP}_{i,t} = \beta_0 + \beta_1 \ln \mathrm{AI}_{i,t} + \beta_2 \ln \mathrm{AI}_{i,t} \times \mathrm{DZ}_{i,t} + \beta_3 \mathrm{DZ}_{i,t} + \beta_4 \mathrm{controls}_{i,t} + \varepsilon_{i,t}$$

$$(4-2)$$

$$\text{LAP}_{i,t} = \gamma_0 + \gamma_1 \ln\text{AI}_{i,t} + \gamma_2 \ln\text{AI}_{i,t} \times \text{DUZ}_{i,t} + \gamma_3 \text{DUZ}_{i,t} + \gamma_4 \text{controls}_{i,t} + \varepsilon_{i,t}$$

$$(4-3)$$

$$\text{LAP}_{i,t} = \delta_0 + \delta_1 \ln\text{AI}_{i,t} + \delta_2 \ln\text{AI}_{i,t} \times \text{DDZ}_{i,t} + \delta_3 \text{DDZ}_{i,t} + \delta_4 \text{controls}_{i,t} + \varepsilon_{i,t}$$

$$(4-4)$$

对上述模型进行回归分析，如果某种类型人口集聚因素的交互项系数显著为正，则表明，该类型人口集聚因素能够在智能化应用与社会全要素生产率之间产生正向的调节效应。

为了验证金融集聚因素能否在智能化应用与全要素生产率之间起到正向调节效应，本章在基础面板回归模型（4-1）的基础上增加了变量 $\text{FIN}_{ij,t}$ 以及 $\ln\text{AI}_{i,t}$ 与 $\text{FIN}_{ij,t}$ 的交互项（$\ln\text{AI}_{i,t} \times \text{FIN}_{ij,t}$），并基于金融集聚指数的中位数，进一步将研究样本划分为金融发展程度高与金融发展程度低两组数据，进一步探讨金融集聚因素的调节作用，得到模型（4-5）、模型（4-6）和模型（4-7）。

$$\text{LAP}_{i,t} = \eta_0 + \eta_1 \ln\text{AI}_{i,t} + \eta_2 \ln\text{AI}_{i,t} \times \text{FIN}_{ij,t} + \eta_3 \text{FIN}_{ij,t} + \eta_4 \text{controls}_{i,t} + \varepsilon_{i,t}$$

$$(4-5)$$

$$\text{LAP}_{i,t} = \kappa_0 + \kappa_1 \ln\text{AI}_{i,t} + \kappa_2 \ln\text{AI}_{i,t} \times \text{FIN}_{ij,t} + \kappa_3 \text{FIN}_{ij,t} + \kappa_4 \text{controls}_{i,t} + \varepsilon_{i,t}$$

$$(4-6)$$

$$\text{LAP}_{i,t} = \mu_0 + \mu_1 \ln\text{AI}_{i,t} + \mu_2 \ln\text{AI}_{i,t} \times \text{FIN}_{ij,t} + \mu_3 \text{FIN}_{ij,t} + \mu_4 \text{controls}_{i,t} + \varepsilon_{i,t}$$

$$(4-7)$$

对上述模型进行回归分析，如果某种类型金融集聚因素的交互项系数显著为正，则表明该类型金融集聚因素能够在智能化应用与全要素生产率之间产生正向调节效应。

4.5 实证结果分析

4.5.1 描述性统计与相关性分析

本章经过统计筛选后共获得 450 个观测数据，相关变量的描述性统计结果，见表 4 - 2。从表 4 - 2 可以看出：（1）中国的 30 个省（区、市）全要素生产率的均值为 1.614，低于第二产业生产率的均值 2.166 与第三产业生产率均值 1.790，这在一定程度上反映了中国第二产业对全要素生产率的拉动作用、第三产业对全要素生产率的拉动作用较大，且第二产业生产率显著高于第三产业，表明中国多数省（区、市）的经济结构仍以第二产业为主导；（2）衡量智能化应用水平的指标标准差达到 0.968，且最大值与最小值之间存在显著差距，这反映出中国的 30 个省（区、市）的智能化应用程度存在较大差异。基于上述统计数据可以看出，中国的 30 个省（区、市）智能化应用的波动幅度比全要素生产率的波动幅度更明显，这也为本章后续从人口集聚、金融集聚视角分析智能化应用对全要素生产率的影响提供了参考依据。

表 4 - 2　　　　　　　　相关变量的描述性统计结果

变量	观测值	均值	中位数	标准差	最小值	最大值
LAP	450	1.614	1.682	0.692	0.081	3.027
LAP2	450	2.166	2.222	0.531	0.81	3.263
LAP3	450	1.790	1.832	0.606	0.509	3.103
lnAI	450	4.242	4.286	0.968	1.102	6.228
INF	450	-1.377	-1.273	0.718	-3.507	0.02
EDU	450	0.162	0.164	0.025	0.111	0.212
IS	450	0.424	0.408	0.103	0.264	0.849
GOV	450	0.208	0.189	0.093	0.084	0.583
PSR	450	8.149	8.011	1.623	5	12.023

资料来源：笔者根据《中国统计年鉴》的相关数据利用 Stata12.0 软件计算整理而得。

主要变量的相关性分析，见表 4 - 3。从表 4 - 3 中可以看出，各变量之间的相关系数均在 0.600 以下，从侧面反映了各变量之间不存在显著的多重共线性问题。同时，智能化应用水平（lnAI）与全要素生产率（LAP）之间的相关系数在 1% 的显著性水平上显著为正（系数值为 0.533），也体现出假设 4 - 1 的合理性。

表 4 - 3　　　　　　　　主要变量的相关性分析

变量	LAP	lnAI	INF	EDU	IS	GOV	PSR
LAP	1						
lnAI	0. 533 ***	1					
INF	- 0. 0330	0. 308 ***	1				
EDU	- 0. 00200	0. 272 ***	0. 201 ***	1			
IS	0. 356 ***	0. 195 ***	- 0. 445 ***	- 0. 120 **	1		
GOV	0. 0770	- 0. 346 ***	- 0. 0240	- 0. 270 ***	0. 176 ***	1	
PSR	- 0. 238 ***	- 0. 467 ***	0. 0280	- 0. 113 **	- 0. 166 ***	0. 271 ***	1

注：*** 、** 、* 分别表示在 1%、5% 和 10% 的水平上显著。

资料来源：笔者根据《中国统计年鉴》的相关数据运用 Stata12. 0 软件计算整理而得。

　　智能化应用与全要素生产率的相关关系，见图 4 - 1，可以看出，两变量之间存在显著的正相关关系。也就是说，当某一地区的智能化应用程度较高时，该地区的全要素生产率水平也相对较高。

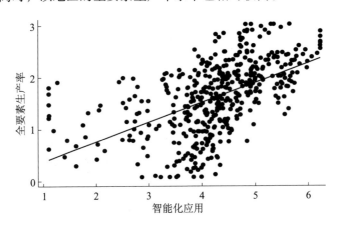

图 4 - 1　智能化应用与全要素生产率的相关关系

资料来源：笔者根据《中国统计年鉴》的相关数据运用 Stata12. 0 软件整理绘制而得。

4.5.2　基本模型的回归结果

　　全要素生产率受到诸多因素的影响，相关性分析并不能完全解释智能化应用与全要素生产率之间的因果关系，因此，本章通过引入一系列控制变量，对智能化应用的经济效应进行分析。基本模型的回归结果，见表 4 - 4，表 4 - 4 是模型（4 - 1）的基准回归结果，即智能化应用与全要素生产率，第（1）栏报告了不控制任何控制变量时，智能化应用对全要素生产率的回归结果，可以发现，在显著性水平为1%下，智能化应用对全要素生产率的影响为正。这表明，智能化应用对全要素生产率产生显著的正向影响；第（2）栏是在第（1）栏的基础上对基础设施变量施加了控制，回归结果仍然在显著性水平为1%下，智能化应用对全要素生产率的影响为正；第（3）栏～第（6）栏分别对人力资本水平、产业结构、政府支出、老年人口抚养比等变量施加了控制，结果表明，这些变量的引入并未对回归系数的符号及其显著性水平产生较大影响。因此，假设4-1的观点得到验证，即智能化应用对全要素生产率具有正向推动作用。

在控制变量方面，基于对现实状况的考量，基础设施的完善能够对全要素生产率产生推动作用，但本章模型的回归结果却在显著性水平为1%下为负，造成这一结果的原因在于，部分省（区、市）的基础设施前期投资过大，较高的投资基数使得基础设施建设与全要素生产率并未保持正相关关系。同样，政府支出对全要素生产率也构成一定负面影响，原因在于，政府干预加大将影响市场机制的有效运行，不利于全要素生产率的快速提升。产业结构和老年人口抚养比均与全要素生产率存在正相关关系，但其具体含义却有所不同。在本章的模型中，产业结构代表各省（区、市）的第三产业增加值占当地国内生产总值的比重，这反映了不同地区服务业水平在一定程度上能够改善全要素生产率；而老年人口抚养比是一个反向指标，更多的是体现出不同地区人口老龄化程度，即人口红利减少对全要素生产率具有负向影响。

表4-4　　　　　　　　　　基本模型的回归结果

变量	模型(4-1)	模型(4-2)	模型(4-3)	模型(4-4)	模型(4-5)	模型(4-6)
LNAI	0.099***	0.140***	0.158***	0.155***	0.075***	0.098***
	(5.31)	(5.54)	(7.92)	(7.74)	(3.16)	(4.15)

续表

变量	模型 (4-1)	模型 (4-2)	模型 (4-3)	模型 (4-4)	模型 (4-5)	模型 (4-6)
INF		-0.112*** (-2.66)	-0.004 (-0.13)	0.005 (0.12)	-0.036 (-0.97)	-0.082** (-2.20)
EDU			-8.842*** (-11.88)	-8.802*** (-11.80)	-9.224*** (-13.14)	-9.393*** (-14.68)
IS				0.102 (0.49)	0.336* (1.67)	0.319 (1.57)
GOV					-1.751*** (-5.71)	-2.290*** (-7.08)
PSR						0.066*** (5.52)
常数项	0.668*** (6.01)	0.264 (1.48)	1.847*** (9.42)	1.821*** (9.01)	2.195*** (10.95)	1.541*** (6.64)
Year-FE	Yes	Yes	Yes	Yes	Yes	Yes
Area-FE	Yes	Yes	Yes	Yes	Yes	Yes
Observations	450	450	450	450	450	450
R-squared	0.727	0.734	0.805	0.805	0.817	0.832
adj-R^2	0.717	0.723	0.796	0.796	0.808	0.824
F	77.74	76.30	122.7	116.6	127.8	141.8

注：***、**、*分别表示在1%、5%和10%的水平上显著，括号内为t值。
资料来源：笔者根据《中国统计年鉴》的相关数据利用Stata 12.0软件计算整理而得。

4.5.3 人口集聚因素的调节效应

劳动者具有异质性，本章通过区分高技能劳动者与低技能劳动者，分别考察不同人力资本水平的人口集聚因素对全要素生产率的影响。基于模型（4-2）、模型（4-3）和模型（4-4），智能化应用、人口集聚因素与全要素生产率的回归结果，见表4-5。表4-5分别给出了全样本人口集聚、高技能人口集聚和低技能人口集聚三种情形下的回归结果，其中，模型（4-2）是全样本人口集聚的情形，可以看出人口集聚因素与智能化应用的交互项不显著。这表明，全样本人口集聚因素在智能化应用与社会全要素生产率之间不存在调节效应；模型（4-3）是高技能人口集聚的情形，可以看出高技能人口集聚与智能化应用的交互项在5%的水平上显著为正，这表明，高技能人口集聚在智能化应用与社会全要素生产率之间存在正向调节效应；模型（4-4）是低技能人口集聚的情形，可以看出，低技能人口集聚与智能化应用的交互项不显著，这表明，低技能人口集聚在智能化应用与社会全要素生产率之间也不存在显著的调节效应。基于上述研究结论，验证了假设4-2，即高技能人口集聚在智能化应用对社会全要素生产率影响过程中存在正向调节效应，而低技能人口集聚的影响不显著。

表4-5　智能化应用、人口集聚因素与全要素生产率的回归结果

变量	LAP		
	模型（4-2）	模型（4-3）	模型（4-4）
LNAI	0.109***	0.088***	0.107***
	(4.29)	(3.64)	(4.15)
LNAI × DZ	0.014		
	(1.27)		
DZ	0.009		
	(0.33)		
LNAI × DUZ		0.019**	
		(2.54)	
DUZ		0.181***	
		(8.87)	
LNAI × DDZ			0.009
			(0.97)
DDZ			0.004
			(0.17)
INF	-0.083**	0.070**	-0.084**
	(-2.08)	(2.02)	(-2.11)
EDU	-9.317***	-8.887***	-9.334***
	(-14.07)	(-13.55)	(-14.10)

变量	LAP		
	模型（4-2）	模型（4-3）	模型（4-4）
IS	0.246	-0.410**	0.277
	(1.11)	(-2.12)	(1.30)
GOV	-2.249***	-0.640*	-2.276***
	(-6.16)	(-1.78)	(-6.41)
PSR	0.065***	0.085***	0.065***
	(5.31)	(8.13)	(5.36)
常数项	1.498***	1.578***	1.495***
	(6.39)	(7.10)	(6.15)
Year-FE	Yes	Yes	Yes
Area-FE	Yes	Yes	Yes
Observations	450	450	450
R-squared	0.833	0.860	0.833
adj-R^2	0.824	0.852	0.823
F	136.3	136.5	134.1

注：***、**、*分别表示在1%、5%和10%的水平上显著，括号内为t值。
资料来源：笔者根据《中国统计年鉴》的相关数据运用Stata 12.0软件计算整理而得。

4.5.4　金融集聚因素的调节效应

金融集聚因素通过作用于信贷约束及金融资源的优化配置，影响企业的智能化应用程度以及社会全要素生产率的改善。基于模型（4-5）、模型（4-6）和模型（4-7），智能化应用、金融集聚因素与全要素生产率的回归结果，见表4-6。其中，模型（4-5）表示全样本金融集聚因素的情形，可以看出金融集聚因素与智能化应用的交互项在1%的水平上显著为正，这表明，金融集聚因素在智能化应用与社会全要素生产率之间存在正向的调节效应；模型（4-6）表示金融发展程度较高地区的情形，可以看出，智能化应用与金融集聚因素的交互项在1%的水平

上也显著为正，这表明，金融发展程度较高地区的金融集聚因素在智能化
应用与社会全要素生产率之间同样存在正向调节效应；模型（4-7）表示
金融发展程度较低地区的情形，可以看出，智能化应用与金融集聚因素的
交互项不显著，这表明，金融发展程度较低地区的金融集聚因素在智能化
应用与社会全要素生产率之间不存在显著的调节效应。由此可知，只有当
一个地区金融发展到一定程度时，金融集聚因素才能在智能化应用对社会
全要素生产率影响过程中产生调节效应，因此，假设4-3也是成立的。

表4-6　智能化应用、金融集聚因素与全要素生产率的回归结果

变量	LAP		
	模型（4-5）	模型（4-6）	模型（4-7）
LNAI	0.039*	0.076**	-0.135**
	(1.85)	(2.11)	(-2.03)
LNAI×FIN	0.215***	0.233***	-0.295
	(4.22)	(2.66)	(-1.50)
FIN	0.813***	0.843***	0.611***
	(12.92)	(7.61)	(3.47)
INF	-0.006	-0.129**	-0.025
	(-0.19)	(-2.51)	(-0.58)
EDU	-7.648***	-4.460***	-8.880***
	(-12.22)	(-4.02)	(-11.82)
IS	-2.503***	-2.711***	-1.470***
	(-9.65)	(-6.61)	(-3.75)
GOV	-2.282***	-1.532***	-3.849***
	(-8.20)	(-4.05)	(-7.26)
PSR	0.049***	0.042***	0.087***
	(4.84)	(3.48)	(5.05)
常数项	2.200***	1.343***	2.639***
	(9.90)	(3.65)	(5.99)
Year-FE	Yes	Yes	Yes
Area-FE	Yes	Yes	Yes

变量	LAP		
	模型（4-5）	模型（4-6）	模型（4-7）
Observations	450	225	225
R-squared	0.880	0.867	0.901
adj-R²	0.873	0.851	0.889
F	178.30	54.34	75.66

注：***、**、*分别表示在1%、5%和10%的水平上显著，括号内为 t 值。

资料来源：笔者根据《中国统计年鉴》的相关数据运用 Stata 12.0 软件计算整理而得。

4.5.5 稳健性检验

为确保上述实证结果的可靠性，本章采用更换被解释变量、解释变量滞后一期以及更换估计方法等三种方式对模型进行稳健性检验，稳健性检验结果，见表4-7。

（1）更换被解释变量。本章分别采用第二产业生产率与第三产业生产率作为社会全要素生产率的替代变量，进行稳健性检验。通过表4-7的第（1）栏和第（2）栏可以发现，智能化应用对第二产业生产率与第三产业生产率的影响，均在1%水平上显著为正，这进一步验证了智能化应用对社会全要素生产率具有显著的推动作用。因此，通过更换被解释变量，本章的研究结论仍然成立。

（2）解释变量滞后一期。技术进步与社会全要素生产率的提升往往存在一定时滞效应，因此，仅通过当期数据考察智能化应用对社会全要素生产率的影响，可能会低估新技术应用的经济效应。因此，本章对解释变量滞后一期进行回归，通过表4-7的第（3）栏可以发现，智能化应用对社会全要素生产率的影响在1%的水平上显著为正。因此，本章的研究结论仍然是稳健的。

（3）更换估计方式。前文主要使用最小二乘法进行回归，为避免遗漏变量引发内生性问题，导致估计结果出现偏差，进一步利用固定效应模型进行回归分析，通过表4-7的第（4）栏的回归结果可以发现，智能化应用对社会全要素生产率的影响在 1% 的水平上同样显著为正。通过变更估计方式，仍然可以验证本章研究结论的稳健性。

表 4 - 7　　　　　　　　　　稳健性检验结果

变量	变更被解释变量		滞后解释变量	固定效应
	（1）	（2）	（3）	（4）
	LAP^2	LAP^3	LAP	LAP
LNAI	0.099 ***	0.070 ***		0.094 ***
	(3.85)	(3.27)		(3.71)
l. LNAI			0.070 ***	
			(2.73)	
INF	− 0.102 ***	− 0.051 *	− 0.087 **	1.103 ***
	(− 3.25)	(− 1.71)	(− 2.22)	(11.80)
EDU	− 4.401 ***	− 2.809 ***	− 9.304 ***	7.051 ***
	(− 7.10)	(− 4.80)	(− 14.54)	(8.61)
IS	0.424 ***	1.436 ***	0.336	− 1.457 ***
	(3.32)	(10.60)	(1.57)	(− 4.68)
GOV	− 0.843 ***	− 1.132 ***	− 2.575 ***	3.885 ***
	(− 2.69)	(− 4.96)	(− 7.51)	(11.07)
PSR	0.047 ***	0.043 ***	0.074 ***	− 0.076 ***
	(4.27)	(4.86)	(6.17)	(− 5.55)
常数项	1.045 ***	0.502 ***	1.684 ***	2.019 ***
	(5.09)	(2.89)	(7.37)	(5.21)
Year – FE	Yes	Yes	Yes	
Area – FE	Yes	Yes	Yes	
Number of province				30
Observations	450	450	420	450
R – squared	0.754	0.850	0.820	0.830
adj – R^2	0.742	0.842	0.811	0.816
F	84.70	147.2	124.7	337.2

注：***、**、* 分别表示在 1%、5% 和 10% 的水平上显著，括号内为 t 值。
资料来源：笔者根据《中国统计年鉴》的相关数据运用 Stata 12.0 软件计算整理而得。

4.6 研究结论

本章采用2003～2017年中国省级层面的面板数据，在梳理分析智能化应用与社会全要素生产率之间相关关系的基础上，实证研究智能化应用对社会全要素生产率的影响，并通过引入人口集聚因素与金融集聚因素，进一步探讨两类因素在智能化应用与社会全要素生产率之间的调节效应。研究表明，总体上智能化应用对社会全要素生产率的影响，存在正向推动作用；同时，全样本情形下的人口集聚以及低技能人口集聚，均对社会全要素生产率的影响不显著，而高技能人口集聚对社会全要素生产率具有正向调节效应；金融集聚因素同样对社会全要素生产率具有正向调节效应，且金融发展程度较高地区的正向影响显著优于金融发展程度较低的地区。

基于上述研究结论，得出四种政策启示：第一，智能化应用能够显著提升社会全要素生产率，因此，应加大智能化建设的相关基础设施投入，鼓励相关企业的智能化转型，对冲人口红利下降对中国宏观经济的负面冲击，从根本上提升企业生产效率；第二，高技能人口集聚能够进一步促进智能化应用带来的经济效应，因此，政府部门应提供更开放、高效的人才交流市场，加强区域间人力资本自由流动，完善优化人力资源配置，通过人才交流与人才合作实现企业智能化改造与人力资本需求的有效结合；第三，智能化技术提升离不开对研发人才的培育，政府应该加大对相关专业的教育投入，培养具有创新能力的高素质人才，以满足劳动力市场不断变化的需求；第四，各地区在综合考虑资源禀赋、市场需求以及金融生态环境等因素的基础上，建立一种与本地环境相符的金融集聚模式，与技术创新形成良性互动，促进社会全要素生产率提升。

5 数字经济背景下人工智能行业公司投资价值研究

5.1 概述

随着中国宏观经济的持续高速增长，以及国家产业政策的大力支持，人工智能技术在诸多行业得到了广泛应用，与此同时，近年来，人工智能行业的相关企业也得到了快速发展。2017年，"人工智能"首次被写入政府工作报告，意味着人工智能已经成为中国宏观经济发展过程中的重要战略。[①] 2017年7月20日，国务院出台《新一代人工智能发展规划》，提出中国人工智能未来发展的战略方针、指导思想及具体措施。[②] 2017年12月13日，工业和信息化部制定了《促进新一代人工智能产业发展三年行动计划》，为人工智能行业指明了此后三年推动经济高质量发展的方向。[③] "人工智能"于2018年3月5日再次被写入政府工作报告，指出人工智能要进一步在教育、医疗、社会治理等多个领域

---

① 见 http：//www. gov. cn/premier/2017 – 03/16/content_ 5177940. htm。

② 2017年7月8日国务院印发《新一代人工智能发展规划》，http：//www. gov. cn/gong-bao/content/2017/content_ 5216427. htm。

③ 《促进新一代人工智能产业发展三年行动计划》，http：//finance. people. com. cn/nl/2017/1216/cl004_ 29711079. html。

进行产业融合、统筹发展。① 这一系列文件均显示，中国人工智能行业得到了国家层面的重点支持，也为该行业的发展提供了较好的外部环境。《中国新一代人工智能发展报告 2019》显示，截至 2019 年 2 月中国人工智能行业的公司超过 740 家，融资规模超过 3800 亿元，在全球居首位。②

人工智能是一门新的技术学科，也是新一代产业变革的动力，是研发拓展人类智能理论及技术的前沿交叉学科，试图让机器代替人类完成一系列复杂工作。人工智能可以像人类一样独立思考，也可能会超过人类的智能。人工智能是一门复杂且具有挑战性的科学，由不同学科领域构成，人工智能行业的技术人才以及人工智能与传统行业融合发展的复合型人才缺乏，将在很大程度上限制人工智能行业发展，并对人工智能行业与传统行业深度融合发展形成巨大障碍。

国内人工智能行业的发展起步较晚，但发展非常迅速，在发展过程中的诸多问题值得高度重视。如，中国人工智能行业相关理论支撑与基础技术较为薄弱，导致人工智能行业发展底盘不牢固，而且，中国人工智能产业发展对于人才的重视程度不够，人才培养跟不上产业发展速度，亟须完善并加强相关专业人才的培养体系等。

基于上述背景，本章尝试对影响人工智能行业上市公司投资价值的外部环境、行业发展周期、行业特殊性等进行分析，并进一步结合上市公司成长性、发展潜力，构建人工智能行业上市公司投资价值指标评价体系，运用相对估值法进行估值验证，试图更为全面、准确地研究公司的投资价值，为公司管理者和证券市场投资者提供有价值的借鉴材料。

投资者对人工智能行业发展状况了解不透彻、认识不全面，但对人工智能行业上市公司的发展存在较高期望值，并投入大量资源试图获取

---

① 见 http：//www.gov.cn/zhuanti/2018/h/2018zfgzbg/zfgzbg.htm。

② 《中国新一代人工智能发展报告 2019》，http：//www.gov.cn/xinwen/2019 – 05/26/content_ 5394817.htm。

超额收益，然而，最终难以达到预期水平，这与人工智能行业发展的特殊性具有较大关系。同时，对于绝大部分人工智能行业上市公司来说，其发展都是将人工智能技术赋能于原有领域中，企业的业务发展具有传统业务的稳定性与人工智能技术的不确定性，其未来的发展也应该包含可预测与不可预测两部分。基于此，本章对人工智能行业发展周期、现状、影响投资价值的相关因素、行业特殊性等诸多方面进行深入研究，同时，构建了人工智能行业上市公司投资价值评价体系，并进一步采用相对估值法对该行业上市公司进行评价。

中国人工智能方面的研究因环境差异、人工智能技术起步时间不同导致人工智能行业上市公司数量和资本市场环境有所差异。本章基于上述研究背景，对人工智能行业上市公司的投资价值进行研究。运用文献研究法，查阅、搜集并总结、归纳学者进行企业投资价值研究的相关理论基础与分析方法，之后，分析了人工智能行业与传统行业研究方法的不同，根据人工智能行业的特点选择合适的研究方法，通过对人工智能行业外部发展环境以及行业发展周期的具体分析，构建了人工智能行业的投资价值指标评价体系，基于传统分析方法对其业务结构、核心竞争力、财务能力指标进行初步分析，最后，运用相对估值模型及实物期权模型对该企业进行估值，得出相应的研究结果，并与人工智能行业投资价值指标评价体系的评价结果进行相互验证。

5.2　相关理论研究

5.2.1　投资价值理论研究综述

当前，社会资本市场发展迅速，越来越多的个人投资者和机构投资者参与其中，关于上市公司投资价值的研究理论逐渐增多，学者们共同目的在于，帮助企业管理者与证券市场投资者研究公司投资价值，指明投资方向，降低投资风险。马科维兹（Markowitz，1952）最早提出了最优投资组合理论；夏普（Sharp，1964）对马科维兹的理论不断拓展，提出资本资产定价模型；莫迪利亚尼和米勒（Modinliani and Miller，1958）从资本结构视角评价上市公司的投资价值，并提出了著名的 MM 理论（莫迪格利安尼和米勒所建立的资本结构理论的简称）。阿尔福德（Alford，1992）提出了市盈率的概念，标志着市场法在上市公司投资价值研究应用中的开始。

理论应用最广、最科学的价值投资学派是投资理论的主要学派，其主要观点为，证券价格仅能反映公司股票的历史交易状况，对公司真实价值的反映存在无效现象，通过股价无法判断证券投资过程中存在的风险，证券投资风险的高低是依靠企业内在价值决定的。价值投资学派认为，获取超额投资收益需要通过分析上市公司投资价值，找出被高估公司以及被低估公司来获得。因此，在投资者进行投资时，要综合考虑行业所处的发展阶段、发展趋势以及上市公司未来长期的盈利空间、发展前景、财务状况、国家的经济状况、宏观政策等诸多因素，而不是忽略其他因素，简单地进行短期投机获利。

纪益成（2018）发现，在当前的实践活动中，公司估值与价值评估存在概念混淆的现象，认为企业价值评估与公司估值虽然存在一定相同之处，但在各自的概念、主体、客体、目的、作用、理论、法律等方面存在大量差异。对目标公司进行投资价值研究，首要的步骤是通过对其行业地位、公司产品、人才、技术优势、财务能力、经营状况等进行分析，判断目标公司股票的股价与其内在价值孰高孰低，通过对比发现被低估的企业——具有投资价值的企业。王悦心（2015）介绍了投资价值基本分析方法，并结合传统企业投资价值估值模型、运用因子分析法在上市企业投资价值研究中的应用，分别阐明各方法的优缺点，认为仅仅使用一种传统方法进行投资价值分析存在局限性，应该采用多种方法进行综合分析，对创新能力等非财务性指标也应给予足够重视。因此，价值投资研究不仅要注重行业发展周期、外部环境、国家政策分析，其所在行业指标体系构建、行业发展前景也是价值投资必须考虑的条件，同时，要重点关注相关公司的业务结构、优势、经营状况、未来发展潜力，通过以上一系列综合分析来判断目标公司是否具备投资价值。

在既有研究成果中，企业投资价值研究鲜有采取综合评价指标与多种估值模型相结合的方式进行分析评价。例如，周滔等（2015）通过搜集相关数据选定 14 个影响商业地产投资价值的因素指标，并运用多指标综合加权评分法得出各城市商业地产投资价值综合得分；克鲁什维茨（Kruschwitz，2015）讨论了四种不同的随机现金流流程，并分析与这些企业价值相关的流程在多大程度上满足横向条件，这表明，在评估具有无限寿命的公司时，横向条件是必要的，没有横向性，公司价值无法得到确定；达勒姆（Durham，2016）探讨了企业估值的方法，指出了解流程是系统集成公司或其他工程技术公司获得适当业务价值的关键一步；科齐尔（Kozyr，2017）指出，根据既定的估值惯例，当对企业进行估值时，通常采用收入和市场方法，建议对该方法进行现代化改造，旨在通过整合收入方法来扩大其使用范围。林颖华（2018）结合相关数据，通过对自由现金流量表进行剖析，对电商企业投资价值进行了分析；施金龙和李绍丽（2009）对投资价值评估方法进行总结，认为成本法具有操作便捷、要求低的优点，对于某项资产的价值进行研究是非常有效的，但这些方法与人工智能行业上市公司的特殊性不匹配，不适用于人工智能行业上市公司的投资价值研究。

综上所述，众多学者对于投资价值的不同方法均进行了系统研究，并对不同行业内部公司的投资价值研究采用不同的研究方法，因此，有必要通过进一步分析各研究方法的优缺点、适用条件并结合目标公司的情况，选取合适的研究方法。

因此，本章尝试将上述方法应用于对人工智能行业上市公司的研究，同时，该行业内部企业研发周期长、未来经营具有较大不确定性等特点，使得本章认为，仅依赖公司的盈利能力、偿债能力以及运营能力等财务指标进行研究有较大缺陷，在后续研究中，本书添加了反映公司成长性以及创新性的相关指标进行综合分析，以期能够准确衡量人工智能行业上市公司的投资价值。

5.2.2　传统行业投资价值研究综述

目前，对于传统行业的中外文研究文献较多，成果丰富。谢海洋等（2017）基于有效资本市场的假设，重点依据事件研究方法结合实证研究分析了支付行业的投资价值。沈（Shen，2020）采用主成分分析方法对中国 302 家信息传输、软件和信息技术服务上市公司的相关数据进行了投资价值研究。刘宇蕾（2020）采用自由现金流模型对新零售背景下零售企业的内在投资价值进行评估，认为收入和市场方法适用于会计数据和财务比率的可信性、可比性较强的企业。邓（Deng，2020）根据定价比率、资本结构和保证金比率，对三家公司进行投资价值分析以选择最佳股票。黄银波（2020）认为，对医疗器械企业进行投资价值研究要比较客观地评估自身价值，才能兼顾新老投资者和公司的多方利益。王燕梅和赵一伟（2020）选择适用的经济增加值（economic value added，EVA）模型计算格力电器 2019 年 12 月 31 日时的企业价值，进一步判断格力电器的股价从 38.52 元/股涨到 65.58 元/股是否合理、企业估值是否虚高。黄汉杰（2020）结合网络直播行业的特点评估网络直播企业的价值，认为研究网络直播企业的价值和人工智能行业企业价值的不同，对于该行业进行投资价值研究采用经济增加值模型较为合理。史振奇等（2020）对 2019 年中国 A 股市场和美国纳斯达克证券市场（NASDAQ）的各项指标进行了研究，建立曲线拟合的线性最小二乘法模型，系统构建了中国 A 股市场财务指标间的拟合关系。陈琪仁等（2020）使用可比公司的波动率、市盈率（PE）模型和市销率（PS）模型估值乘数代入模型，对新三板企业股权价值进行评估，比较各模型对于市场价格的解释效力。唐贤伟等（2017）运用主成分分析法对中国医药行业上市公司的投资价值进行研究，结果较为准确。李双兵和冀巨海（2016）结合多种企业价值研究方法，建立一个分阶段的实物期权定价模型，用以分析高新技术企业投资价值。吴雪（2016）则选择构建投资价值评价指标体

系，进一步运用因子分析法进行投资价值研究。杨文杰和许向阳
（2018）基于股票的选取原则和选取方法，编制出碳汇 42 指数，研究中
国碳汇的投资价值。上述文献采用与传统行业特点相匹配的研究方法进
行了大量投资价值研究，得出了较为准确的结论。

但与传统行业不同，人工智能行业上市公司技术与产品的研发周期
长，获取收益需要很长一段时间，存在失败的风险，且人工智能行业企
业具有明显的马太效应，因此，传统行业上市公司投资价值研究方法并
不能准确地反映人工智能行业的企业投资价值。

5.2.3　人工智能行业企业投资价值研究综述

对于人工智能行业而言，要结合行业发展周期、企业特殊性及外部
环境，兼顾企业的经营现状与未来行业发展趋势，选取更为匹配的投资
价值研究方法，得出较为合理且准确的研究结论。

1956 年，人工智能在美国的达特茅斯（Dartmouth）会议被首次提
出，[①] 20 世纪中期，以英国学者阿兰·麦席森·图灵（Alan Mathison
Turing）为代表的学者为人工智能的诞生提供了理论基础与实验工具。
60 多年来，关于人工智能技术与应用的研究日益增多。中文文献朱巍等
（2016）系统分析了人工智能学科的学派与发展历史。李振等（2018）
指出，人工智能的迅猛发展和广泛应用正深刻影响着人类社会的各个方
面，其中，推动着教育迈向智能教育时代。麻斯亮和魏福义（2018）发
现，人工智能技术应用给金融业带来很大进步，智能投顾、智能信贷、
智能监控、智能预警、智能客服等创新技术支撑金融服务应运而生。陈
茫和张珏（2018）指出，人工智能带来了图书馆服务创新的新机遇，可
以应用于图书馆顶层设计、核心科技、专业团队、运行机制和信息安全
等方面。

除此之外，人工智能还应用于医疗、财会、军事等方面。蔡耀婷
（2019）指出，人工智能在医疗领域的应用相对滞后，具有很大的开发

---

① 达特茅斯会议：人工智能的缘起，https://www.sohu.com/a/63215019_119556。

应用空间。秦荣生（2020）指出，人工智能已在各行各业得到普遍应用，在会计领域的应用还处于起步阶段，在会计语音输入智能、用于凭证确认的机器、大数据财务分析、智能财务风险管理等方面提出了人工智能方面的建议，并提供准确的预测解决方案。张智敏等（2020）对军事对抗中人工智能的应用进行了研究，阐述了部分国家在军事领域对人工智能的关注程度，同时，分析了人工智能发展对于军事领域进步的具体作用。邓洲和黄娅娜（2019）指出，人工智能对劳动力的影响具体表现为替代、淘汰部分传统岗位，研究表明，人工智能作为当前世界三大尖端技术之一，已经应用到经济生活之中，对人工智能行业上市公司的投资价值分析非常必要。雷敏等（2020）指出，全面应用新兴技术是资产托管行业的战略选择，资产托管业务将继续加快与新兴科技的融合，将有利于人工智能技术与资产托管行业共同发展。杨凯（2020）研究发现，在财务领域，从数据处理、数据分类和数据评估到建立评估模型，应用评估和风险预防，许多公司都将金融机器人（RPA）应用于日常运营以提高效率，达到预期效果。

既有研究认为，对人工智能行业上市公司进行投资价值研究时需要关注相关影响因素，章雁（2005）表示，在进行投资价值分析时，研究公司实物期权价值需要分析其未来回报的不确定性，要兼顾企业经营过程中的风险。王艺霏（2011）发现，对于目标公司进行投资价值研究时，自由现金流量法无法反映目标公司经营过程中不断变化的价值，因此，其不适用于人工智能行业中未来发展前景良好的企业，而实物期权法却与人工智能行业上市公司的特点较为吻合。李晓瑜（2017）表示，在公司的总体价值中，忽略潜在获利能力在一定程度上影响着最终估值的准确性，实物期权法能够很好地兼顾目标公司潜在的获利能力。叶小杰和李翊（2020）指出，处于上市期的企业可采用概率风险调整的自由现金流贴现法（DCF）进行估值。杨明华（2018）用 DCF 法和实物期权法构建组合模型进行验证，发现研究结果较为准确。

王亚玲（2018）对人工智能行业进行投资价值研究时，发现传统的研究方法存在多种局限性，无法应用于人工智能行业上市公司。王俊功（2018）研究发现，非财务因素也会影响公司发展，进而影响投资价值。朱贝贝（2018）发现，因为实物期权法可以把公司经营过程中的不确定性变为可以确定的自主选择权，所以，实物期权法能够弥补传统研究方法的不足。张楠（2019）指出，对人工智能行业进行投资价值研究时发现，研发项目的周期长、行业发展机会多、风险大等一系列特有因素会对结果有很大影响，这些因素应该被纳入研究范围。王英姿（2020）基于实物期权模型对人工智能企业的投资价值进行研究，聚焦于现金流的不确定性衡量了企业管理柔性价值，与人工智能企业投资价值的动态性、不确定性、整体性相适应。陈常滢（2020）针对人工智能类上市企业的价值，总结了主要研究方法的优点与不足，指出实物期权法中 B‐S 期权定价模型能够得出较准确的结论。禹春霞（2020）提炼出人工智能行业上市公司的评价指标体系，确定指标权重，使用优劣解距离法（TOPSIS）衡量指标之间的差异性与变化态势，同时，利用时间加权法得到动态评价值并排序。

本章通过对诸多研究方法及其相应的优缺点和适用范围进行整理并加以分析，发现成本法过于依靠历史成本，依靠单项资产负债容易忽略公司的系统性，此方法对无形资产尚未形成系统性的了解。市场法的不足之处，是人工智能行业上市公司可比企业数量较少，行业环境变动较为频繁，得到的结果偏差大，该方法更适用于会计数据和财务比率可信性、可比性较强的企业；单独使用收益法，则会导致负现金流量，造成公司的估值比上市公司客观价值低。

通过进一步分析人工智能行业上市公司投资大、研发周期长、回报慢以及公司成长速度快等特点，本章发现关于人工智能行业上市公司的投资价值研究需要兼顾以下四点。

（1）不确定性。

人工智能行业的发展以及行业内上市公司经营中存在很多不确定性因素。在研发过程中，需要投入大量资金，回收期却很长，而且，技术与创新对人工智能行业十分重要，必须投入大量资金研发产品，因此，其不确定性是人工智能行业上市公司进行投资价值研究必须考虑的因素之一。

（2）无形资产。

传统行业上市公司和人工智能行业上市公司不同，传统行业上市公司更看重生产设备等固定资产，而人工智能行业上市公司更看重无形资产。技术专利以及具有竞争力的新产品，都能够决定目标公司是否具备良好的发展前景，进而影响研究企业投资价值的结论。

（3）数据获取。

人工智能行业起步较晚，行业内上市公司可比性较小，只能通过构建投资价值评价指标体系来判断目标公司的行业地位，且人工智能行业与传统行业在逐步实现产业融合，人工智能行业的发展及技术研发依托于传统行业支撑。因此，人工智能行业上市公司进行投资价值研究时，可获取的数据较少。

（4）盈利难以预测。

人工智能行业上市公司的研发过程存在不确定性且风险较大，其未来的盈利情况难以准确预测，需要结合多种研究方法得出较为合理、准确的结论。高晓素（2014）指出，任何一种估值方法均有局限性，因此，实务操作中对公司估值时需要综合运用不同的估值方法以达到预期效果。

通过综合比较多种方法，同时，考虑人工智能行业上市公司的特殊性，本章认为，相对估值法中的市盈率、市净率在实务操作中更适用于人工智能行业上市公司投资价值研究，而实物期权法能够很好地兼顾公司潜在获利能力，与人工智能企业投资价值的动态性、不确定性以及整体性相适应。因此，本章基于主成分分析法构建行业投资价值指标体系，然后，结合相对估值法与实物期权法进行验证，其研究结论将更具说服力。

5.3 人工智能行业企业投资价值评估

英美等西方国家股权较分散、与中国研究背景不同，研究结论应用于国内可能存在不匹配的现象，而且，国内人工智能技术起步较晚，导致国内学者对于人工智能行业上市公司投资价值可参考的文献不够丰富。本节对人工智能行业发展周期、投资价值影响因素、行业特殊性进行了分析，并进一步构建了人工智能行业投资价值评级指标体系。

5.3.1 人工智能行业概述

人工智能是社会发展、时代进步、技术创新的产物，是引领未来的核心技术，发展人工智能被全球主要国家作为提升国家竞争力、推动国家经济增长的战略性措施，将人工智能运用于社会治理能够降低成本、提升社会治理效率，可以有效降低社会治理干扰。在日常生活方面，深度学习、图像识别以及语音识别等人工智能技术，已经广泛应用于智能终端、家居、移动支付、教育、医疗、出行等领域，提供了更便利、更佳体验感的生活服务。

人工智能产业链，如图 5 - 1 所示，近几年，人工智能行业经营模式与传统行业经营模式产生了实质性的产业融合，涉及行业较多，人工智能技术推进了生产方式改进，促进了生产效率提升。经济时代的全新智能产业蓝图初步显现，数据显示，2021 年中国人工智能行业市场规模达 1 987 亿元，2017～2021 年年均复合增长率为 58.1%。①

从适用性角度来看，人工智能可以分为两种类型：专用人工智能系统和通用人工智能系统。专用人工智能系统针对特定任务，凭借其单一的任务，清晰的要求，丰富的知识领域，清晰的应用程序边界以及相对简单的建模，可以突破人工智能领域的单一点，在智能测试中甚至超越

---

① 中商产业研究院，https：//www.toutiao.com/article/7196978046191075892l。

人类智能水平。人工智能的最新发展，主要集中在专用智能领域。例如，阿尔法狗（Alpha Dog）可以在围棋游戏中击败人类冠军，人工智能程序利用大量图像识别和面部识别功能超越了人类的识别水平。

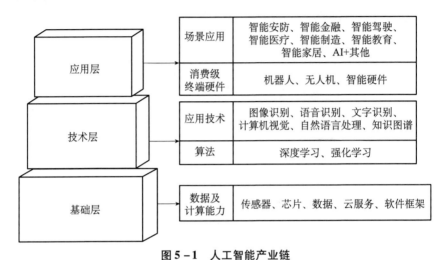

图 5 – 1　人工智能产业链

资料来源：人工智能产业链上下游分析及发展前景，https://www.1633.com/article/42329.html。

5.3.2　人工智能行业发展周期

目前，人工智能技术的发展虽然取得了较大突破，但是，还没有实现真正意义上的专用与通用共同发展、同步发展的目标。目前，通用人工智能尚处于起步阶段，人脑是一个通用智能系统，可以处理各种复杂的问题，例如，视觉、听觉、学习、思考和设计，而人工智能系统尚未形成真正完整的通用系统。我们将人工智能的发展历程划分为六个阶段，人工智能发展历程，如图 5 – 2 所示。

一是起步发展期，人工智能概念被提出后，陆续取得了一批举世瞩目的研究成果，如机器定理证明，掀起了人工智能发展的第一个高潮。

二是反思发展期：人工智能早期发展的突破，极大地提高了人们对人工智能的期望。科学家已经开始尝试更具挑战性的人工智能任务，提出一些看似不切实际的研发目标。因此，出现了连续故障或预期故障，这些失败延误了人工智能发展，并导致人工智能行业衰落。

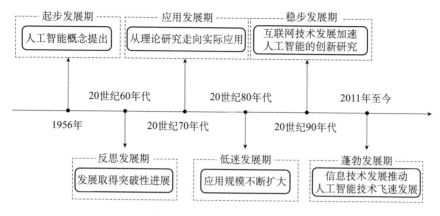

图 5 – 2　人工智能发展历程

资料来源：人工智能发展历程，https：//www.eefocus.com/ask/512001.html。

三是应用发展期：专家通过模拟人类的知识和经验来解决特定领域的问题，从一般的推理讨论到专门的人工智能知识，从理论研究阶段到实际应用，已经在智能领域取得了进步。在医学、化学和地质学等领域，专家们成功进行了许多实验，极大地推动了人工智能的发展。

四是低迷发展期：随着人工智能相关应用规模逐渐扩大，狭窄的应用领域、获取知识困难、缺乏常识、推理方法单一、缺乏分布式功能以及与现有专家系统数据库的不兼容问题，变得越来越明显。

五是稳步发展期：互联网技术的发展加速了人工智能领域的研究，促进了人工智能技术创新的进一步实际应用。1997 年，万国商业机器公司（IBM）深蓝超级计算机击败了国际象棋冠军；2008 年，IBM 提出了智慧地球（smart earth）概念，这是该时期的开创性事件。

六是蓬勃发展期：大数据、云计算、互联网等技术在 2011 年后的发展中，数据和图形处理器计算平台极大地促进了神经网络等人工智能技术在图像分类、语音识别、无人驾驶和其他人工智能技术等科学与应用之间的快速发展，技术问题得到了解决。人工智能在可用性方面取得了技术突破，进入了爆炸性增长的新阶段。

人工智能技术与产业的总体发展水平，仍然处于不确定时期。当今的人工智能系统在机器学习方面取得了长足进展，但仍然缺乏推理能力和决策能力。当前的人工智能系统具有智慧但没有智能，有智商（IQ）但没有情商（EQ），可以计算但不能算计。因此，人工智能仍然具有明显的缺点和局限性，替代劳动力之路仍然很漫长。

5.3.3　人工智能行业企业投资价值的影响因素分析

企业投资价值的影响因素分析是一种基本面分析，是投资价值研究的重要步骤，通常采用宏观因素与微观因素相结合的方式进行分析。因此，本章从宏观因素和微观因素两方面对人工智能企业投资价值影响因素进行深入研究，通过宏观因素分析、判断人工智能行业未来的发展环境，并从微观层面对单个企业进行分析，便于进一步构建人工智能行业投资价值评级指标体系。

宏观因素主要包括以下三个方面。

（1）国家出台政策扶持人工智能行业发展。

近年来，中国政府相继出台多个战略规划，高度重视人工智能发展，积极扶持人工智能相关产业发展。中国人工智能行业战略规划，见表 5 - 1。

表 5 - 1　　　　　　　　　　中国人工智能行业战略规划

年份	文件	相关内容
2015	《关于积极推进"互联网＋"行动的指导意见》	推动人工智能核心技术突破
2019	《关于促进人工智能和实体经济深度融合的指导意见》	促进人工智能和实体经济深度融合

资料来源：《关于积极推进"互联网＋"行动的指导意见》，https：//cpc. people. com. cnln/ 2015/0705/c64387 - 27255409. html；《关于促进人工智能和实体经济深度融合的指导意见》，http：//news. 21csp. com. cn/c16/202001/11392413. html。

（2）人工智能行业迅速发展对国民经济增长产生巨大影响。

近年来，中国人工智能产业抓住快速发展的机会，步入快速发展阶段，为全球人工智能的发展做出了巨大贡献。《全球人工智能发展报告

2018》中显示，截至2018年，全球人工智能企业共计1.59万家，其中，中国人工智能企业占到21%；① 全球人工智能企业共计融资5142亿元，其中，中国人工智能企业融资1810亿元，占比高达35%。中国人工智能技术的发展预计带动相关产业突破1万亿元，这充分显现了人工智能行业发展对中国国民经济增长产生的影响。

（3）人工智能是产业变革的核心方向。

1956年人工智能概念被提出后，人工智能技术发展迅速；基于互联网的发展，人工智能行业迎来新的飞跃，通过重建经济活动各环节，提升产业格局定位，随着产业结构变化，生产效率实现跨越式增长。英国政府紧急情况科学咨询小组（SAGE）估计人工智能的出现，到21世纪30年代初，能够带动全球生产总值提升14%，即103万亿元人民币的额外增长。中国充分意识到人工智能技术发展将带动经济增长，相继出台相关政策大力扶持人工智能行业公司稳步发展。

中国出台政策扶持、高度重视人工智能产业的发展，同时，人工智能对于国民经济增长与产业变革具有重要影响。由此可见，人工智能行业的上市公司，具有良好的外部发展环境。

微观因素主要包括以下三个方面。

（1）技术资本因素。

创新生态布局是人工智能发展的关键性战略。信息技术与信息产业的发展史，是新老信息产业创新生态的更替史。例如，微软、英特尔、IBM等是传统信息产业的代表企业，谷歌、苹果、阿里巴巴、腾讯、百度等是移动互联网时代信息产业的代表企业。人工智能创新生态包括纵向的数据平台、开源算法、计算芯片、基础软件、图形处理器等技术生态系统和横向的智能制造、智能医疗、智能安防、智能零售、智能家居等商业生态系统和应用生态系统。目前，智能科技时代的信息产业格局

---

① 《全球人工智能发展报告2018》，https：//ishare.ifeng.com/c/s/voozEksAGlVegx5QITTuOwaJprLVqieizzThCNrKMI – zukl。

尚未形成垄断，因此，全球科技产业巨头都在积极推动人工智能技术生态的研发布局，全力抢占人工智能相关产业的制高点。

（2）创新驱动因素。

当前，人工智能行业尚未被垄断，技术产业的巨头们正在积极推动人工智能技术的研究和开发，力争拥有人工智能相关行业的关键技术。人工智能发展对社会进步的作用愈发显著。一方面，人工智能在很大程度上促进传统行业改革创新，提高生产效率，实现产业转型。人工智能作为新一轮技术革命的核心力量，促进了智能经济的快速发展，对人们的生活产生了积极的影响。另一方面，在个人信息、隐私保护、人工智能创建和人工智能系统中可能有很多歧视和偏见，如何在无人系统中制定交通法规和道德规范程序，亟须提供解决方案。

（3）企业因素。

研究一家企业的投资价值，应以企业实力为基础，企业特性对于投资价值的研究十分重要，一个企业未来具有的投资价值直接受到企业特性的影响。对于人工智能行业的企业来说，需要对其高成长速度、产品特殊性进行分析，以该企业的综合实力为基础，在拥有较强实力作为保障时再进行技术与研发的价值分析。例如，人工智能企业研发阶段需要投入大量资金，需要企业具有一定偿债能力，才能避免企业资金流断裂的情况。企业实力越强，运营状况越稳健，才会拥有更好的机会创造更多企业价值，即具备的投资价值更高。

5.3.4 人工智能行业企业投资价值研究的特殊性

通过对人工智能行业的发展现状、发展周期、企业投资价值的影响因素进行研究，可以看出，中国人工智能行业上市公司具有良好的发展前景，本节将进一步研究人工智能行业上市公司的特殊性，包括边际效应递增性与人工智能行业上市公司的马太效应。

1. 边际效应递增性

关于效用论，西方经济学有一个较为重要的规律，即边际效用递减性，是指单位主体拥有的商品数量越多，则每增加一个单位的商品，带来的边际效用将会越来越小。但是，对于人工智能行业的上市公司来说，其核心技术拥有量越多，人工智能行业上市公司的资产价值越高，意味着投资价值也越高，其边际效用规律与边际效用递减性是相反的。由此可见，人工智能核心技术是人工智能行业上市公司的重要资产，当研发投入变为技术专利时，企业的资产价值会呈现指数增长趋势，进而提升企业运营能力，改善企业运营状况，带来更多盈利，并产生更大价值。

2. 人工智能行业上市公司的马太效应

马太效应是指，综合实力强的企业将会越来越强大，综合实力弱的企业则会越来越弱的经济学现象。人工智能行业上市公司的发展趋势与马太效应相符，即当人工智能核心技术与优势产品形成一定规模后，其产业升级速度与规模扩张速度将会越来越快，该上市公司在人工智能市场中所拥有的份额也将成比例增加。马太效应体现了一种领先效应，是人工智能行业上市公司所具备的独特优势，也是本章对人工智能行业上市公司进行投资价值研究的特殊性所在。

人工智能行业上市公司在各自领先的领域获取优势之后，很可能收购正处于发展中的公司，即便被收购公司具有发展潜力，发展也会不断受限。在人工智能行业未来的市场中，具有一定核心技术与优势产品的上市公司会不断加大研发投入进而增强实力，经过不断发展，企业发展的马太效应会愈发明显。

5.3.5　人工智能企业投资价值评级指标体系构建

从人工智能企业的特殊性可以看出，中国人工智能行业上市公司所处的行业地位对于研究其投资价值十分重要，本章将进一步构建投资价值评级指标体系，判断研究对象的行业地位。

构建投资价值评级指标体系，是进行人工智能行业上市公司投资价值研究的重要步骤，本章使用文献分析法总结了学者所使用的指标，最终选择了能够反映研究对象的投资价值且能够获取的指标，试图得到更全面、客观的投资价值评价结果。

在构建人工智能行业投资价值评级指标体系过程中，应严格按照以下 4 个原则进行。

（1）完整性。建立人工智能行业上市公司投资价值评级指标体系，要能够完整地反映该行业的投资价值，影响投资价值的每个方面都应被考虑到，最终形成一个全面、系统的指标体系，才能准确地得出研究结论。

（2）简明性。在构建指标体系时，为了能够较好地反映人工智能行业上市公司的投资价值，需要尽可能地选择各方面的指标，但是，如果指标选取过多，在操作中又过于复杂，不便于计算，应该选择能够较大程度地反映某项能力且具有代表性的指标。

（3）科学性。选取指标时，应严格按照第 2 章的要求进行，选取的每一项指标应具有相应的理论基础，且能够反映企业的某一项能力，具备一定意义，不能盲目选择指标进行体系构建。

（4）可行性。选择指标时，要结合第 3 章人工智能行业的发展特点，选取可操作的指标进行研究。在使用 SPSS 23.0 软件进行 KMO 检验①和巴特利特（Bartlett）检验时，符合标准，具备一定相关性。反映指标的数据必须可获取，本章数据的主要来源为上市公司的年度报表、临时公告和万得（Wind）数据库的相关数据等。

本章系统分析了人工智能行业上市公司的发展周期及外部发展环境，主要从能力指标方面构建人工智能行业上市公司投资价值指标评级体系。通过总结学者的观点，并结合人工智能行业上市公司的特点，本章选取了 11 个二级指标，分别用 X_1、X_2、X_3、X_4、X_5、X_6、X_7、X_8、

---

① KMO（Kaiser – Meyer – Olkin）检验统计量，是用于比较度量简单相关系数和偏相关系数的指标，主要应用于多元统计的因子分析。KMO 检验统计量取值在 0 和 1 区间。

X_9、X_{10}、X_{11} 表示销售毛利率、净资产收益率、每股净资产、流动比率、速动比率、资产负债率、存货周转率、应收账款周转率、主营业务收入增长率、无形资产占比、流通股本占比，构建人工智能行业上市公司投资价值指标评级体系。本章所选取的指标能够较好地兼顾影响人工智能行业上市公司投资价值的六个方面的能力，人工智能行业上市公司投资价值评级指标，如表 5 – 2 所示。

表 5 – 2 **人工智能行业上市公司投资价值评级指标**

一级指标	二级指标	指标代码	指标计算公式
盈利能力	销售毛利率	X_1	（销售净收入 – 产品成本）/销售净收入 ×100%
	净资产收益率	X_2	净资产/所有者权益 ×100%
	每股净资产	X_3	股东权益/股本总额
偿债能力	流动比率	X_4	流动资产/流动负债 ×100%
	速动比率	X_5	速动资产/流动负债 ×100%
	资产负债率	X_6	总负债/总资产 ×100%
营运能力	存货周转率	X_7	营业收入/存货平均余额 ×100%
	应收账款周转率	X_8	赊销收入净额/应收账款平均余额 ×100%
成长能力	主营业务收入增长率	X_9	（现期主营业务收入 – 基期主营业务收入）/上期主营业务收入 ×100%
创新能力	无形资产占比	X_{10}	无形资产/总资产 ×100%
股本结构	流通股本占比	X_{11}	市场上流通的股份/总股本

资料来源：笔者整理。

本章盈利能力指标，选取销售毛利率、净资产收益率及每股净资产。在既有研究中，销售毛利率被广泛选取，该指标能够反映获利能力。如果销售毛利率不够高，则企业很难获取利润；如果销售毛利率高，则企业盈利能力高。而净资产收益率能够代表股东投入后得到的回报，指标值高说明股东投入获取的回报多。每股净资产同样能够反映人工智能行业上市公司的投资价值，该指标越高，表示股东拥有的资产现值高，在同等条件下，每股净资产越高越好。

本章偿债能力指标，选取流动比率、速动比率以及资产负债率三个指标。流动比率能与速动比率更好地反映公司短期偿债能力水平，流动比率与速动比率越高，则偿还债务时越不会出现无法偿还的现象，其经营风险大幅降低。但流动比率、速动比率过高也不好，说明企业有大量闲置资金未被充分利用，在一定程度上影响了获利能力。资产负债率反映了企业经营风险大小及企业利用债权人的资金从事经营活动的能力。资产负债率在上市公司经营业绩综合测评时是一个适度指标。

营运能力指标，本章选取存货周转率指标与应收账款周转率指标。存货周转率反映企业存货管理水平，是企业管理的重要内容。一般来说，存货周转速度快，则存货占用水平低，提高存货周转率可以提高企业变现能力。应收账款周转率反映应收账款的回收速度，应收账款周转率高，则代表应收账款变为现金的次数多、速度快。

成长能力指标，本章选取主营业务收入增长率，其能够很好地表明公司主营业务发展的成长性，反映企业资产经营规模扩张速度，判断其成长能力，该项指标越高，则发展速度越快。

企业创新能力指标，本章选取无形资产占比，其是上市公司无形资产占总资产的比重，根据第 3 章对人工智能行业上市公司创新技术重要性的概述，技术创新与无形资产之间具有很强的相关性，因此，将该项指标选作投资价值评级指标。

中国股市建立时间虽短但规模效应明显，平均而言，大公司的股票收益低于小公司的股票收益，规模与股票收益为负增长关系，流通股股本规模小，则其投资价值较大。

5.3.6 人工智能行业上市公司投资价值评级

影响人工智能行业上市公司投资价值的因素覆盖面较广，本章要考虑的指标较多，除了第 3 章分析的行业发展周期与外部环境外，也包括盈利能力、偿债能力、营运能力、成长能力、创新能力、股本结构等因素。这就要求用科学、可操作的主要指标尽可能地全面反映投资价值，本章通过对第 3 章的分析，选择主成分分析法筛选并简化指标数量，并确定各指标权重，最终得出较合理的综合得分，以便于排序、分析行业地位。

1. 投资价值评级模型的基本原理

主成分分析法是一种简化数据的降维多元统计分析方法，可以使本章人工智能行业上市公司投资价值指标评级体系遵循简明的可行性原则，将需要考虑的大量指标简化为具有代表性的几个主成分。

对简化后的主成分中的各指标系数进行分析，用少数几个主成分代表某项一级指标，即将多指标进行综合，形成少数相关性不强的关键性指标。进一步利用公式计算人工智能行业内上市公司的综合得分，以便于更好地排序观察，主成分分析有两个关键步骤。

（1）指标降维。

指标降维的目的，是将多个相关性较强的指标通过简化转变为相关性较弱的几个主成分，使这几个主成分能够很好地代替繁多的指标，简化繁杂的分析过程。值得注意的是，这些主成分虽然简便，但却可以反映大部分原始信息，虽然指标减少，但是信息反映仍然全面。

（2）确定指标权重。

主成分分析法是充分利用数据中包含的信息，从定量的观点来看，因为不同指标对于人工智能行业上市公司投资价值的影响程度不同，所以，将主成分贡献率用作指标权重值，并且，根据数据的统计定律进行计算使获得的权重值更客观，确定指标权重的过程如下。

①因为原始数据中各指标的量纲不同，标准化处理可以使结果更科学，所以，对原始样本数据进行标准化处理。

设指标数据构成的矩阵：

$$X = (x_{ij}) = \begin{bmatrix} x_{11} & \cdots & x_{1p} \\ \vdots & \ddots & \vdots \\ x_{n1} & \cdots & x_{np} \end{bmatrix} \tag{5-1}$$

在式（5-1）中：

N——样本公司的个数

P——指标体系中指标的个数

进一步利用式（5-2）：

$$Z_{ij} = \frac{|x_{ij} - \bar{x}|}{S_j} (i = 1, 2, \cdots, n; j = 1, 2, \cdots, p) \qquad (5-2)$$

在式（5-2）中：

$$\bar{x} = \frac{1}{n} \sum_{i=1}^{n} x_{ij} \qquad (5-3)$$

$$S_{ij} = \sqrt{\frac{1}{n-1} \sum_{i=1}^{n} (x_{ij} - \bar{x})^2} \qquad (5-4)$$

可得出标准化矩阵为：

$$Z = (Z_{ij}) = \begin{bmatrix} Z_{11} & \cdots & Z_{1p} \\ \vdots & \ddots & \vdots \\ Z_{n1} & \cdots & Z_{np} \end{bmatrix} \qquad (5-5)$$

②输入原始样本数据，运用 SPSS 23.0 软件得到相关系数矩阵 R。

$$R = \frac{1}{n=1} Z^T Z \qquad (5-6)$$

③计算特征根及向量。

由方程 $|\lambda E - R| = 0$，得到 p 个特征值，按升序排列依次为 $\lambda_1 \geq \lambda_2 \geq \cdots \geq \lambda_p \geq 0$，由方程组 $|\lambda E - R| = 0$，得到对应的特征向量为：$T = \begin{bmatrix} t_1 \\ \vdots \\ t_p \end{bmatrix}$，$t_i = (t_{1i}, t_{2i}, \cdots, t_{pi})$，$t_i$ 为对应特征根 λ_i 的单位特征向量。

④主成分筛选。

找出满足累计方差贡献率的前 m 个主成分，其中，累计方差贡献率需满足：

$$\alpha_m = \sum_{i=1}^{m} \frac{\lambda_i}{\sum_{i=1}^{p} \lambda_i} \geq 80\% \qquad (5-7)$$

⑤前 m 个主成分对应的特征值的特征向量组成的矩阵为 $U_{p \times m}$，则缩减后 m 个综合指标为 $Y_{n \times m} = Z_{n \times p} U_{p \times m}$。

2. 上市公司投资价值评估

本章综合考虑样本公司的代表性以及数据的可获得性，选取了人工智能行业 17 家上市公司进行投资价值评价，选取标准为万得数据库人工智能概念板块股票价格排名前 17 家，以所选取的上市公司 2019 年财务报表数据为研究样本。人工智能行业上市公司投资价值体系指标（1），见表 5 - 3。人工智能行业上市公司投资价值体系指标（2），见表 5 - 4。

表 5 - 3　　　　人工智能行业上市公司投资价值体系指标（1）

公司名称	股票代码	销售毛利率（%）	净资产收益率（%）	每股净资产（元/股）	流动比率	速动比率	资产负债率（%）	无形资产占比（%）
科大讯飞	002230	46.0202	8.4499	5.1933	1.6648	1.5444	41.6202	10.21
巨星科技	002444	32.5872	12.7176	6.9106	2.0447	1.5701	31.5838	4.56
昆仑万维	300418	79.4224	26.3051	4.0853	0.6609	0.6609	54.2666	0.20
汉王科技	002362	41.9846	4.3716	3.9582	2.8728	2.1958	26.3904	3.27
科远智慧	002380	42.5009	5.9974	9.2050	4.1511	3.6916	17.9156	2.91
川大智胜	002253	33.6441	3.7704	6.1800	4.9761	3.6672	15.3886	9.59
博实股份	002698	41.6757	14.1023	2.2398	2.0512	1.1755	41.2746	1.66
楚天科技	300358	31.3127	1.9781	5.0939	1.5403	1.0075	46.2798	2.76
机器人	300024	27.9160	4.6122	4.1550	2.4923	1.3499	33.8941	5.65
天奇股份	002009	19.4631	3.5040	5.4484	1.0983	0.8006	64.2903	6.02
慈星股份	300307	27.7194	-24.1643	3.9762	3.1961	2.3754	18.8455	4.84
科大智能	300222	18.8226	-82.4953	2.6384	1.2475	0.9692	68.6516	5.38
江南化工	002226	41.2686	6.9970	4.7881	2.0981	2.0152	45.1694	4.55
佳都科技	600728	13.4918	16.0886	2.8497	1.7089	1.1912	49.8578	3.93
长高集团	002452	35.2575	12.2409	2.3739	1.3079	1.0176	56.9637	3.97
奥飞娱乐	002292	46.5930	3.0212	2.9701	1.0593	0.6231	34.4321	4.41
赛为智能	300044	33.5002	-23.3418	2.1654	1.2830	1.2170	61.8341	5.21

资料来源：笔者根据万得（WIND）数据库中的相关数据计算整理而得。

表 5 - 4　　　　人工智能行业上市公司投资价值体系指标（2）

公司名称	股票代码	存货周转率（次）	应收账款周转率（次）	主营业务收入增长率（%）	总资产增长率（%）	净利润增长率（%）	流通股本占比（%）
科大讯飞	002230	5.8312	2.2650	27.4778	31.3558	52.6075	84.1777
巨星科技	002444	4.1052	5.8517	11.4853	19.9442	22.8680	94.1044
昆仑万维	300418	–	10.0002	3.0948	16.1741	– 7.3809	54.7936
汉王科技	002362	3.1032	7.7027	51.4262	12.2043	165.7979	82.4077
科远智慧	002380	2.3631	1.2770	23.2697	12.4749	8.5689	59.7328
川大智胜	002253	1.3664	2.2720	1.1809	6.6612	4.9350	91.9097
博实股份	002698	0.6775	2.0509	59.4344	17.3566	100.0843	80.3621
楚天科技	300358	1.2460	2.4756	17.5297	8.0420	14.4495	94.4005
机器人	300024	0.6655	2.0726	– 11.1833	4.4220	– 36.2580	97.0125
天奇股份	002009	2.4015	2.2112	– 10.0011	– 2.8260	– 58.2314	98.4543
慈星股份	300307	1.5997	2.2783	– 9.9807	– 27.8341	– 782.7102	98.9056
科大智能	300222	1.5821	1.1465	– 36.3062	– 19.2578	– 747.4838	63.9301
江南化工	002226	14.9573	2.4611	27.1316	1.3655	89.8140	76.7260
佳都科技	600728	2.2597	2.3723	7.0074	30.5470	159.8665	97.9843
长高集团	002452	1.7754	1.5908	10.0447	20.9452	157.3635	77.4195
奥飞娱乐	002292	1.6661	5.4044	– 3.9746	– 6.6208	106.1512	59.9389
赛为智能	300044	7.9019	0.8113	0.6960	– 4.4037	– 733.8122	66.7669

　　资料来源：笔者根据万得（WIND）数据库中的相关数据计算整理而得。

　　本节首先，构建了人工智能行业上市公司投资价值指标评级体系；其次，选取了样本公司数据；再次，利用 SPSS 23.0 软件进行检验、数据标准化处理，并在满足累计方差贡献率的条件下提取主成分；最后，代入式（5 - 7）计算样本公司的综合得分并排序，对人工智能行业的 17 家上市公司进行深入分析比较。

　　本章运用 SPSS 23.0 软件对第二节选取的样本数据进行降维处理。具体步骤为，将样本数据输入 SPSS 23.0 软件后，对样本数据进行 KMO 检验和 Bartlett 检验，判断样本数据是否可以进行主成分分析。在观察检验结果中，如果 KMO 值大于 0.5，sig 值小于 0.05，则第二节所选取的样本数据可以进行主成分分析，KMO 检验和巴特利特球形度检验结果，见图 5 - 3。

KMO检验取样适切性量数		0.541
巴特利特球形度检验	近似卡方	108.923
	自由度	55
	显著性	0.000

图5-3　KMO检验和巴特利特球形度检验结果

资料来源：笔者根据表5-3的数据运用SPSS 23.0软件计算整理绘制而得。

巴特利特球形度检验的统计量，由相关系数矩阵计算得到，如果结果符合上述条件，则可以进行主成分分析，不符合上述条件则没有意义，不适合做主成分分析。由图5.3可知，KMO值为0.541，大于0.500，sig值为0，小于0.050，样本可以进行主成分分析。接着，对主成分进行提取。公因子方差，见表5-5。

表5-5　　　　　　　　　　　公因子方差

指标	初始	提取主成分
销售毛利率（%）	1.000	0.866
净资产收益率（%）	1.000	0.825
每股净资产（%）	1.000	0.575
流动比率（%）	1.000	0.931
速动比率（%）	1.000	0.950
资产负债率（%）	1.000	0.858
存货周转率（%）	1.000	0.866
应收账款周转率（%）	1.000	0.700
主营业务收入增长率（%）	1.000	0.738
无形资产占比（%）	1.000	0.541
流通股本占比（%）	1.000	0.916

资料来源：笔者根据表5-3的数据运用SPSS 23.0软件计算整理而得。

从表5-5可以直观地看到，通过对17家人工智能行业上市公司的11个指标提取主成分得到公因子方差，提取的公因子对各原始变量贡献率最大的和最小的分别为：速动比率 X_5 为95.0%，无形资产占比 X_{10} 为

54.1%。从整体来看，提取的公因子对本章所选取的 11 个二级指标的贡献率均比较大，说明提取的公因子具有较强代表性，能够反映原始数据较全面的信息，使后续操作更简便，结果也合理、准确。

总方差解释，见表 5 - 6，从表中可以看出，初始特征值大于 1 的指标有 4 个，这 4 个指标的累计贡献率为 79.869%。而初始特征值大于 1 的指标可以被选为主成分进行分析，因此，本章提取了 4 个主成分，这 4 个主成分可以反映原指标 79.869% 的信息，对于原始数据信息的反应程度较高。

表 5 - 6　　　　　　　　　　　总方差解释

成分	初始特征值			提取荷载平方和		
	总计	方差百分比（%）	累计百分比（%）	总计	方差百分比（%）	累计百分比（%）
1	3.472	31.561	31.561	3.472	31.561	31.561
2	2.799	25.442	57.004	2.799	25.442	57.004
3	1.269	11.540	68.544	1.269	11.540	68.544
4	1.246	11.326	79.869	1.246	11.326	79.869
5	0.755	7.048	86.917			
6	0.545	4.956	91.873			
7	0.422	3.836	95.709			
8	0.235	2.137	97.847			
9	0.131	1.187	99.033			
10	0.097	0.881	99.914			
11	0.099	0.086	100.000			

注：提取方法为主成分分析法。
资料来源：笔者根据表 5 - 3 的数据运用 SPSS 23.0 软件计算整理而得。

成分矩阵，见表 5 - 7。从表中可以看出，表示最初的 11 个指标在各主成分上的分值，分值越高，则对主成分的代表性越强。用图 5 - 2 中的数据除以主成分相对应的特征值开平方根，便得到主成分中每个指标对应的系数。人工智能行业上市公司投资价值评级指标，见表 5 - 8。

为了进一步验证主成分提取是否正确，本章继续运用 SPSS 23.0 软件输出碎石图，见图 5-4，从图中可以很直观地看出，特征值大于 1 的点有 4 个，其中，最大的特征值为 3.472，最小的特征值为 1.246，而且，观察曲线走势发现变化较大，说明本章提取的 4 个主成分具有较强的解释性，碎石图验证了本章提取的 4 个公因子是科学、合理的。

表 5-7   成分矩阵

指标	成分			
	1	2	3	4
销售毛利率（%）	0.945	-0.067	-0.127	-0.133
净资产收益率（%）	0.931	-0.011	-0.285	0.024
每股净资产（%）	-0.867	-0.250	-0.009	0.210
流动比率（%）	0.726	0.156	-0.149	-0.031
速动比率（%）	-0.088	0.872	-0.311	0.044
资产负债率（%）	-0.164	0.788	0.027	-0.258
存货周转率（%）	0.229	0.671	0.544	0.162
应收账款周转率（%）	0.378	-0.596	-0.037	0.205
主营业务收入增长率（%）	0.286	0.593	0.324	0.447
无形资产占比（%）	0.344	-0.426	0.783	-0.055
流通股本占比（%）	0.050	-0.069	-0.190	0.918

资料来源：笔者根据表 5-3 的数据运用 SPSS 23.0 软件计算整理而得。

表 5-8   人工智能行业上市公司投资价值评级指标

主成分	1	2	3	4
X_1	0.507	-0.040	-0.113	-0.119
X_2	0.500	-0.007	-0.253	0.022
X_3	-0.465	-0.149	-0.008	0.188
X_4	0.390	0.093	-0.132	-0.028
X_5	-0.047	0.521	-0.276	0.039
X_6	-0.088	0.465	0.024	-0.231
X_7	0.123	0.401	0.483	0.145

续表

主成分	1	2	3	4
X_8	0. 203	− 0. 356	− 0. 033	0. 184
X_9	0. 153	0. 354	0. 288	0. 400
X_{10}	0. 185	− 0. 255	0. 695	− 0. 049
X_{11}	0. 027	− 0. 041	− 0. 169	0. 822

资料来源：笔者根据图 5 - 7 的数据计算整理而得。

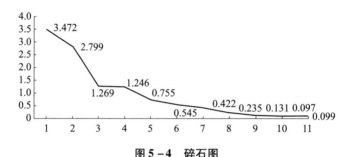

图 5 - 4　碎石图

资料来源：笔者根据表 5 - 3 的数据运用 SPSS 23.0 软件计算整理绘制而得。

计算出 4 个主成分与 11 个原始指标的相应系数后，根据第 3 章的公式，即可得出 4 个主成分的线性表达式为：

$$F_1 = 0.507X_1 + 0.500X_2 - 0.465X_3 + 0.390X_4 - 0.047X_5 - 0.088X_6$$
$$+ 0.123X_7 + 0.203X_8 + 0.153X_9 + 0.185X_{10} + 0.027X_{11} \quad (5-8)$$

$$F_2 = -0.040X_1 - 0.007X_2 - 0.149X_3 + 0.093X_4 + 0.521X_5 + 0.465X_6 +$$
$$0.401X_7 + 0.356X_8 + 0.354X_9 - 0.255X_{10} - 0.041X_{11} \quad (5-9)$$

$$F_3 = -0.113X_1 - 0.253X_2 - 0.008X_3 - 0.132X_4 - 0.276X_5 + 0.024X_6 +$$
$$0.483X_7 - 0.033X_8 + 0.288X_9 + 0.695X_{10} - 0.169X_{11} \quad (5-10)$$

$$F_4 = -0.119X_1 + 0.022X_2 + 0.188X_3 - 0.028X_4 + 0.039X_5 - 0.231X_6 +$$
$$0.145X_7 + 0.184X_8 + 0.400X_9 - 0.049X_{10} + 0.822X_{11} \quad (5-11)$$

进一步将原始样本数据标准化后代入线性表达式，分别以这 4 个主成分的特征值除以所有主成分特征值之和的结果作为权重，可计算得出主成分分析的综合得分计算公式为：

$$F = 0.3156F_1 + 0.2544F_2 + 0.1154F_3 + 0.1133F_4 \quad (5-12)$$

3. 样本得分排序及结果分析

将标准化处理后的样本数据代入上述公式，可以运用 SPSS 23.0 软件计算并输出本章所选取的 17 家人工智能行业上市公司综合投资价值得分，之后，按照综合投资价值得分进行排序，便于进一步对 17 家人工智能行业上市公司进行综合投资价值评价比较。17 家人工智能行业上市公司投资价值综合评级，见表 5－9。

表 5－9　　　17 家人工智能行业上市公司投资价值综合评级

公司名称	股票代码	F_1	F_2	F_3	F_4	综合值	排名
科大讯飞	002230	0.73	－0.05	2.01	0.41	0.50	3
巨星科技	002444	－0.17	－0.77	－0.18	1.39	－0.11	10
昆仑万维	300418	1.61	－1.26	－1.70	－1.60	－0.19	11
汉王科技	002362	1.25	0.11	－0.34	1.27	0.53	2
科远智慧	002380	－0.39	0.89	－1.20	－0.25	－0.06	9
川大智胜	002253	0.77	－0.22	－0.08	0.78	0.26	5
博实股份	002698	0.95	0.85	－0.60	0.43	0.49	4
楚天科技	300358	－0.66	－0.12	－0.58	0.79	－0.22	12
机器人	300024	－0.15	－0.87	－0.44	0.43	－0.27	14
天奇股份	002009	－1.27	－0.36	0.33	0.38	－0.41	16
慈星股份	300307	－0.43	－0.46	－0.66	0.82	－0.24	13
科大智能	300222	－2.73	－0.06	0.95	－2.43	－1.04	17
江南化工	002226	0.63	1.98	1.57	0.46	0.94	1
佳都科技	600728	－0.35	0.15	－0.35	0.70	－0.03	8
长高集团	002452	0.18	0.36	－0.15	－0.75	0.04	7
奥飞娱乐	002292	0.50	－1.35	0.05	－1.40	－0.34	15
赛为智能	300044	－0.45	1.18	1.36	－1.42	0.16	6

资料来源：笔者根据表 5－5 的数据运用 SPSS 23.0 软件与 Excel 软件计算整理而得。

由表 5－9 可以看出，在 17 家样本公司中综合值小于 0 的有 10 家，这说明，中国人工智能行业上市公司在良好的发展环境及政府相关政策的扶持下具备良好的发展前景，未来将进一步发展，实现传统产业转型升级，助力中国经济高质量发展。

但从第 3 章的行业发展周期分析可以看出，人工智能行业的发展仍然处于发展初期，原因在于技术基础理论尚不完善，这些负面因素使人工智能产业尚未进入高速成长阶段。表 5 - 9 中所列示的一些人工智能行业上市公司的部分因子得分为负，并不意味着企业财务竞争力差，而是在进行主成分分析过程中，所使用的数据进行了标准化处理，仅能反映相对竞争水平。

本章认为，这 17 家公司还具备很大提升空间，人工智能行业上市公司要想在市场中获得一席之地或者话语权，关键是核心技术，这些公司需要不断研发技术和产品，但研发投入多且获取收益的期限长、风险较大，投资回报期后公司的投资价值还将进一步提高。这些公司应当充分重视人才，在提高创新能力的同时研发具有竞争力的产品，提高营业收入，促进企业综合水平提升。

5.3.7 相对估值法

在构建人工智能行业相关企业投资价值评级指标体系的基础上，本节尝试采用相对估值法对人工智能行业相关企业的投资价值进行评价，进一步验证 5.2 节所构建的指标体系的科学性。

相对估值法得到的企业价值是相对可比企业的价值，受相对可比企业价值以及投资者对该企业所处行业的看法等因素的影响较大。

第一，市盈率是某股票每股市价与每股盈利的比率，通常用作比较不同价格的股票是否被高估或被低估。人们普遍认为，公司的高市盈率会在其股价中造成一定泡沫，高估了其价值。如果一家公司发展迅速，未来的业绩增长很有希望，那么，在使用市盈率比较不同股票的投资价值时，若公司的每股收益相对接近，则股票属于同一行业。市盈率是评估股票价格水平是否合理的最常用且具有参考价值的指标之一。人工智能行业部分上市公司市盈率水平一览（2021 年 3 月 12 日），见

表 5 – 10。

表 5 – 10　人工智能行业部分上市公司市盈率水平一览（2021 年 3 月 12 日）

公司名称	股票代码	每股市价（元）	流通市值（元）	市盈率
科大讯飞	002230	48.92	105 569 752 192	104.09
巨星科技	002444	33.50	38 305 189 482	28.17
昆仑万维	300418	22.82	26 776 520 418	5.87
汉王科技	002362	19.25	4 177 043 871	40.17
科远智慧	002380	14.86	3 566 275 904	26.07
川大智胜	002253	13.14	2 964 726 888	48.79
博实股份	002698	13.95	14 264 572 500	36.84
楚天科技	300358	12.49	5 843 913 164	83.27
机器人	300024	10.17	15 867 636 905	114.53
天奇股份	002009	9.91	3 672 144 891	76.23
慈星股份	300307	7.36	5 744 787 471	– 6.24
科大智能	300222	7.64	5 323 270 038	– 2.11
江南化工	002226	6.99	6 698 470 817	19.54
佳都科技	600728	6.40	11 070 289 901	72.40
长高集团	002452	5.52	2 944 781 503	13.03
奥飞娱乐	002292	5.84	7 925 811 626	– 170.76
赛为智能	300044	5.11	3 918 649 140	– 8.55
人工智能概念板块股价前 17 名上市公司平均市盈率				28.31

资料来源：笔者根据万得（WIND）数据库的相关数据计算整理而得。

表 5 – 10 对比了人工智能行业部分上市公司市盈率与人工智能概念板块股价前 17 名上市公司平均市盈率的情况，随着人工智能行业盈利水平的提升，人工智能股受到了投资者的重点关注，在股价不断攀升的同时，行业平均市盈率水平也在不断上升。对比发现，多数企业的市盈率较高，部分企业的市盈率为负，行业平均市盈率水平达到 28.31，这说明，人工智能行业的整体估值相对过高，已超额获取了市场应给予优势公司的成长溢价。

第二，市净率可用于股票投资分析，衡量股价与净资产的背离程度。一般来说，市净率较低的股票，投资价值较高；相反，市净率较高的股票，投资价值较低。但在判断投资价值时，还要考虑当时的市场环境以及公司经营情况、盈利能力等因素。人工智能行业部分上市公司的市净率水平一览（2021年3月12日），见表5-11。

表5-11　人工智能行业部分上市公司的市净率水平一览（2021年3月12日）

公司名称	股票代码	流通市值（元）	每股市价（元）	市净率
科大讯飞	002230	105 569 752 192	48.92	8.60
巨星科技	002444	38 305 189 482	33.50	4.61
昆仑万维	300418	26 776 520 418	22.82	2.96
汉王科技	002362	4 177 043 871	19.25	3.13
科远智慧	002380	3 566 275 904	14.86	1.58
川大智胜	002253	2 964 726 888	13.14	2.18
博实股份	002698	14 264 572 500	13.95	5.72
楚天科技	300358	5 843 913 164	12.49	2.93
机器人	300024	15 867 636 905	10.17	2.40
天奇股份	002009	3 672 144 891	9.91	1.74
慈星股份	300307	5 744 787 471	7.36	1.88
科大智能	300222	5 323 270 038	7.64	2.93
江南化工	002226	6 698 470 817	6.99	1.38
佳都科技	600728	11 070 289 901	6.40	2.08
长高集团	002452	2 944 781 503	5.52	2.08
奥飞娱乐	002292	7 925 811 626	5.84	2.05
赛为智能	300044	3 918 649 140	5.11	2.25
人工智能概念板块股价前17名市净率平均值				2.97

资料来源：笔者根据万得（WIND）数据库的相关数据计算整理而得。

从对市净率水平的正常评估标准来说，如果市场价格高于价值，公司资产的质量就很好，并有发展潜力；相反，如果市场价格低于价值，公司资产质量差，没有发展前景。高质量股票的市场价格远远高于每股净资产，通常，市净率为3可以树立更好的公司形象。从表5-11的对比分析可以发现，人工智能概念板块股价前17名市净率平均值为2.97，与正常标准相符，然而，行业内企业的市净率水平存在较大差异。部分行业内企业的市净率偏高，而多数企业位于正常水平以下，这说明，行业内企业发展水平参差不齐，行业存在较大发展潜力。

第三，从传统行业角度进行对比分析。近几年来，相对于传统行业人工智能行业一直保持高速发展，而人工智能行业的高速发展必然反映在上市公司层面。与传统行业进行对比的主要目的在于，证明人工智能行业的企业在得到良好的外部发展环境及国家政策的重点扶持之后，其市盈率水平、市净率水平与传统行业的市盈率水平、市净率水平存在差异。钢铁行业部分上市公司市盈率、市净率，见表5－12。

表5－12　　　　　钢铁行业部分上市公司市盈率、市净率

公司名称	股票代码	市盈率	市净率
马钢股份	000808	19.05	0.83
华菱钢铁	000932	7.96	1.45
新钢股份	600782	7.15	0.84
三钢闽光	002110	8.36	0.97
韶钢松山	000717	7.52	1.48
宝钢股份	600019	17.12	1.07
中信特钢	000708	21.93	4.66
沙钢股份	002075	35.64	4.43
首钢股份	000959	20.65	0.93
柳钢股份	601103	9.02	1.66
行业平均值		18.22	1.24

资料来源：笔者根据万得（WIND）数据库的相关数据计算整理而得。

从表5－10与表5－12的对比分析可以发现，人工智能行业企业的市盈率平均值比传统钢铁行业的市盈率平均值明显偏高。人工智能行业上市公司的业绩发展潜力得到了资本市场的认可，其进一步快速增长值得期待。研究市场平均市盈率水平，还应考虑到该行业上市公司的股权结构。以小股东为主的行业上市公司，其合理市盈率偏高。从这个角度来看，人工智能行业上市公司的市盈率平均值比传统制造行业以及钢铁行业的市盈率平均值高，也是正常的市场表现。

无论行业景气与否，上市公司的每股净资产一般不会出现大幅波

动，盈利多则每股净资产增加多，盈利少则每股净资产增加少，亏损则每股净资产小幅下降。正因为每股净资产波动不大，所以，市净率波动相对较小，在估值上更具参考价值。而从表 5 – 11 与表 5 – 12 中可以看出，人工智能行业上市公司的该指标要高于传统制造业，但并非所有低指标的个股都具有投资价值。在很多时候，企业经营前景好的股票，该指标高一些也要优于该指标低一些但企业经营前景差的股票，考虑到人工智能行业的高速发展与未来前景，人工智能行业上市公司具备一定的投资价值。

5.4　研究结论与经验启示

本章通过文献分析法，对学者在上市公司投资价值研究中使用的方法与对应的相关理论进行了梳理，并分析这些方法的优缺点，结合人工智能行业上市公司的特点，选择了人工智能行业上市公司投资价值研究方法，构建了人工智能行业上市公司投资价值指标评级体系，对指标得分结果进行排序分析，同时，进行了基本面分析，采用相对估值法与实物期权法对公司投资价值进行估值，通过上述研究，主要得到以下两个结论。

（1）本章对人工智能行业的发展周期以及外部发展环境进行了研究，对影响人工智能行业上市公司投资价值的宏观因素、微观因素和特殊性展开分析，发现人工智能行业的发展受到中国政策的大力扶持，且人工智能行业的快速发展拉动了中国经济的高质量发展，具有良好的发展前景，值得投资者关注。

（2）本章构建了人工智能行业上市公司投资价值指标评级体系，运用主成分分析法对人工智能行业 17 家上市公司的投资价值进行分析后，计算综合得分、排名，并结合相对估值法对该行业的企业价值进行评估验证，发现该行业内多数企业具有一定的投资价值。

基于上述分析，主要获得以下四点经验启示。

第一，人工智能行业具有良好的发展前景，人工智能行业发展对中国经济的高质量发展具有重要的推动作用，随着国家对于人工智能行业发展的重视度持续提升，证券市场投资者必将加大对人工智能板块上市公司的投资。因此，对人工智能行业上市公司进行投资价值研究，有利于对资本市场投资策略的制定及对该行业股权投资的选择提供参考。

第二，在研究投资价值过程中，实务界与理论界运用的方法都有各自的优缺点，在方法选择时应充分考虑行业经营状况，可以使用多种方法相结合进行分析，相辅相成得出更科学、合理的研究结论。

第三，在目前人工智能快速发展的环境下，必然会出现收购、并购等公司发展行为，如果无法准确地进行投资价值研究，可能会导致收购、并购失败，影响人工智能行业的发展。人工智能行业投资价值的研究任重而道远，需要学者为其付出巨大努力。

第四，相关监管部门要强化对人工智能行业上市公司财务报表等数据披露的监管，人工智能行业上市公司应该准确、及时地公开财务状况、公司经营发展的相关数据，为证券交易市场的投资者投资提供有力的参考，促进市场活动的高效、稳定运行。

6 数字经济背景下信息通信技术（ICT）投资对中国宏观经济增长的传导路径及影响分析

6.1 概述

数字经济是继工业经济和互联网经济之后出现的一种具有高度融合特征的新型经济形态，以数字资源为主要生产要素、以互联网为载体，通过信息通信技术、人工智能、5G 技术等先进的技术支撑，对社会资源进行更有效、更合理的利用，获得更高效益。数字经济发展产生的新业态和新模型，从根本上改变了中国经济的发展方式和发展轨迹，中国已经进入了"互联网＋"的新型经济时代。

中国经济已经由高速增长发展转型到高质量发展，中国经济发展轨迹的转型是根据中国特色社会主义做出的重大论断，也是突破目前中国经济发展"瓶颈"和解决中国社会主要矛盾的最佳选择。党的十九大报告首次提出，我国经济已由高速增长阶段转向高质量发展阶段。[①] 中国特色社会主义进入新时代，中国经济发展也进入新时代，基本特征是中国经济已由高速增长阶段转向高质量发展阶段。推动高质量发展，是保

———————

① 《决胜全面建设小康社会 夺取新时代中国特色社会主义伟大胜利》，人民出版社 2017年版。

持经济持续、健康发展的必然要求，是适应中国社会主要矛盾变化和全
面建成小康社会，全面建设社会主义现代化国家的必然要求，是遵循
经济规律发展的必然要求。① 中国经济高质量发展以创新为第一驱动
力，实现经济稳定发展，促进产业结构不断升级，引导企业提升产品
质量和服务质量，提升企业全要素生产率，最终让经济发展成果惠及
广大人民。

党的十九大报告提出，中国经济已由高速增长阶段转向高质量发展
阶段，标志着中国经济增长必须以提高质量与效益为核心。科技创新是
促进经济增长、提高经济增长效率的根本性内生要素，信息通信技术作
为现代技术体系的核心与通用目的技术，正在引领新一轮产业革命，其
创新发展与应用必将对经济增长质量产生显著影响。信息通信技术作为
数字经济的核心数字科技，为建设数字经济强国提供坚实的技术基石。
在此背景下，中国政府抓住发展机遇，持续加强信息通信技术的研发以
及相关基础设施建设。在党的十五届五中全会上，信息化发展被提上日
程，由此上升到国家战略层面，突出强调了信息化对工业化发展的推动
作用。② 2006 年，中共中央办公厅、国务院办公厅印发《2006～2020 年
国家信息化发展战略》。党的十六届五中全会，再次突出信息化建设的重
要性。国民经济和社会发展第十三个五年规划指出，要实施"互联网＋"
行动计划，推动信息通信技术的加速发展和运用，从而与产业进行深度
融合以打造智能和协同一体的新形态。③ 2020 年，国家发展和改革委员
会与科技部、工业和信息化部、财政部联合印发了《关于扩大战略性新
兴产业投资培育壮大新增长点增长极的指导意见》，明确提出扩大对新
一代信息通信技术产业等战略性新兴产业的投资，从而聚焦新兴产业的

---

① 见 http：//www. gov. cn/xinwen/2017 – 12/20/content_ 5248899. htm。
② 《中共中央关于制定国民经济和社会发展第十个五年计划的建议》，https：//
www. gov. cn/gongbao/content/2000/content_ 60538. htm。
③ 《"十三五"国家信息化规划》，http：//www. scio. gov. cn/32344/32345/33969/35650/
zy35654/Document/1535202/1535202. htm。

培育和发展，打造经济发展的新引擎。①各地区也将继续加大对信息通信技术投资及政策支持力度，全面推进实施信息化发展战略，加速推进和运用信息通信技术。信息通信技术作为新一轮产业革命和技术革命的核心技术，为经济社会数字化发展提供了强有力的技术保障。

信息技术，是借助电子计算机和现代通信等工具，实现对数据信息的快速获取、处理和存储，并可以通过网络在短时间内实现双向传送。信息技术涵盖软件和硬件两方面，软件是指，企业资源计划（ERP）、产品全生命周期管理（PLM）、客户关系管理（CRM）等各种软件系统，硬件是指，计算机、移动设备、电话等与信息相关的设备。因此，信息技术投资主要是指，企业为实现利益最大化而在信息技术软件、硬件方面的投资行为。信息技术投资又可以从狭义和广义两方面进行探讨，狭义的信息技术投资主要偏向于固定资产和无形资产，比如，购买计算机等办公设备或者升级更新软件系统，而广义的信息技术投资则注重对员工的培训以及业务流程的重组。在企业生产经营过程中，处处都有信息技术的影子，其存在于企业活动的方方面面，如，从最初的生产与财务预算至最终销售以及物流运输。

具体来说，一方面，信息技术投资使预算、销售、物流等过程实现信息化，减少了业务流程的烦琐，企业各项工作的开展也更加便捷和高效；另一方面，信息技术（如互联网）可以有效地连接企业内部，使人员之间、部门之间的联系变得更加紧密，降低协调成本，实现管理工作的有效性。一般而言，企业在发展过程中，可以借助信息技术手段改变、调整企业的生产运作模式，实现资源的优化配置，有助于实现信息技术投资对企业全要素生产率提升的目的。可以说，企业进行信息技术投资是时代趋势，代表着先进生产力的发展方向，关乎企业未来发展的持续性。

---

① 《关于扩大战略性新兴产业投资培育壮大新增长点增长极的指导意见》，http: // www. gov. cn/zhengce/2020_ 09/24/content_ 5546618. htm。

6.2 相关理论研究

中国经济已经从高速发展阶段向高质量发展阶段转变，在新的发展阶段，数字经济对经济高质量发展的影响成为学者们研究的热点。丁志帆（2020）在总结数字经济的概念内涵与核心特征系统的基础上，立足于"微观—中观—宏观"分析框架，探讨了数字经济驱动经济高质量发展的内在机理。宋义明和张士海（2022）研究发现，数字经济是中国经济高质量发展的重要引擎，但是，中国的数据综合利用程度和共享水平不高，数字经济与实体经济融合不够，数字经济发展制度体系不完善，成为数字经济引领经济高质量发展的现实障碍。龙婉莹（2022）从数字经济促进中国产业结构升级入手，对其助力经济高质量发展进行了探究，分析了数字经济带动中国总体经济、对比传统经济模式的成本效益、数字化高新技术带来的经济收益及数字化产品创新等。张鸿等（2019）指出，数字经济是中国经济转型升级和经济高质量发展的必由之路。并从"理论机理—实践基础—路径分析—政策选择"的角度进行研究，发现数字经济在经济结构优化、创新驱动发展、经济增长动力和经济发展目标等角度，适应中国经济向高质量发展阶段的转变趋势。荆文君和孙宝文（2019）在总结中国数字经济发展特征的基础上，从微观、宏观两个层面探讨数字经济与经济增长的关系及其促进经济高质量发展的内在机理，并指出数字经济的快速发展可以为中国现代化经济体系建设提供更好的匹配机制与创新激励。

信息通信技术是借助于电子计算机和现代通信等工具，实现对数据信息的快速获取、处理和存储，并可以通过网络在短时间内实现双向传送。外文文献对于信息通信技术较早的研究，如约根森和斯蒂罗（Jorgenson and Stiroh，2000）探讨了 20 世纪 90 年代后期信息通信技术在美国经济发展中的作用，研究发现，计算机、通信设备等资本投入推动了美国经济和生产率的增长；很多研究文献指出，信息通信技术投资对发达国家的经济增长具有显著的积极影响（Dewan and Kraemer, 2000; Lee et al., 2005），而苏和李（Seo and Lee, 2006）认为，发达国家的信息通信技术投资可以通过扩大知识领域和允许欠发达国家获得知识来促进国际知识溢出，即通过 ICT 的外部性对发展中国家的经济增长做出贡献。因此，发展中国家往往将 ICT 投资作为经济持续发展的重要来源之一，如特里帕蒂和伊纳尼（Tripathi and Inani, 2020）以电话密度作为信息通信技术的替代变量，研究南盟国家的经济增长状况，结果表明，信息通信技术对经济增长的积极性在统计上是显著的。格里南等（Greenan et al., 2001）基于法国制造业企业和服务业企业的研究样本，探讨使用计算机的员工比例与全要素生产率的关系，结果表明与非 ICT 投资相比，ICT 投资不仅提高了企业全要素生产率，而且，具有更高的边际回报率。卡索拉罗和戈比（Casolaro and Gobbi, 2007）基于意大利 600 家银行的微观数据分析信息技术投资的影响，结果表明，银行业全要素生产率的增长来源于资本深化的贡献。

随着数字经济的快速发展，ICT 代表着新一轮技术革新。关于 ICT 的研究文献越来越多，范围越来越广。在 2000 年之前，中国的 ICT 技术相对落后，有学者以美国数据进行了相关研究，比如，钟根元等（2005）利用 1991~2000 年的美国数据，采用柯布—道格拉斯生产函数研究发现，信息技术投资对经济增长和劳动生产率增长有非常重要的贡献，经济增长的差异大约有 1/3 来自信息技术资本深化的作用。随着国内 ICT 的发展，其对中国经济增长的影响效应引起关注，蔡跃洲和张钧南（2015）对 1977~2012 年中国经济增长来源进行分解，并测算了 ICT 硬件和 ICT 软件的资本存量，进而分析 ICT 对中国经济增长的替代效应和渗透效应，发现 1990 年以后，ICT 的替代效应呈明显上升趋势，且其对经济增长的贡献率与同期全要素生产率（TFP）的贡献率基本一致，同时，也验证了 ICT 资本是存在渗透效应的。郭美晨和杜传忠（2019）利用增长核算模型测算了中国 ICT 生产性资本存量，发现其对经济总产出的贡献比例呈上升趋势，同时，ICT 产业的全要素生产率增长率要远

高于中国经济的平均水平，其提升效应也逐步增强。而左晖和艾丹祥
（2021）通过构建包含 ICT 资本、非 ICT 资本和劳动的平行三要素供给
面方程系统模型，分析了 ICT 资本偏向技术变化对全要素生产率的影
响，发现 ICT 资本对非 ICT 资本和劳动出现双重偏向性技术下滑，且
ICT 资本偏向性技术变化和 ICT 资本深化方向共同抑制了全要素生产率
提升；而 ICT 资本和非 ICT 资本偏向性技术变化一致性，在一定程度上
能够提升全要素生产率。也有中文文献对产业进行细分，研究 ICT 对全
要素生产率的影响效应，比如，牛新星和蔡跃洲（2019）测算了细分行
业 TFP 变化和增长来源，发现 ICT 制造业与 ICT 服务业快速增长，ICT
制造业的要素和投资规模驱动特征比较显著，而 ICT 服务业增长质量较
高。但是，ICT 制造业细分行业中的价值链高端和技术应用前沿的部分
行业出现向好趋势，而传统的通信设备和电子计算机细分行业，要素和
投资规模驱动特征更为显著。ICT 生产率悖论也是研究的热点，比如，
何小钢等（2019）从微观层面研究了人力资本结构提升 ICT 生产率效应
的影响机制，并利用企业调查数据验证了中国企业突破"ICT 生产率悖
论"的可行路径，指出高技能员工和长期雇用员工与信息通信技术能够
形成互补效应，并显著提高 ICT 的生产率效应，而且，高市场化程度地
区互补效应更强。何小钢和王善骝（2020）在何小钢等（2019）研究的
基础上增加了宏观层面的分析，从宏观、微观两个层面分析了 ICT 生产
率悖论的路径抉择，为中国更好地依托新型 ICT 推进制造业优化升级，
进而推动经济高质量发展提供理论依据。郭美晨和杜传忠（2019）指
出，ICT 具有网络外部性、边际收益递增、范围经济等重要经济特性，
成为 ICT 产业快速增长的原动力。在 ICT 资本持续积累的支撑下，受技
术进步和市场竞争驱动，ICT 生产部门必须率先进行技术更新，不断加
大技术投入，提升竞争力，显著促进行业规模扩张和生产率增长，并吸
引投入要素从低生产率增长部门向高生产率增长部门流动，从而提升了
经济整体生产率水平。高增长潜力的 ICT 企业能够吸引其他企业加入，
带来更多资金资源、技术资源和人才资源，开辟更大的市场，带动行业

生产率快速提升。

动态随机一般均衡方法，具有微观分析与宏观分析相结合、长短期分析互补及显性建模框架等诸多优点。徐舒等（2011）构建了一个技术转化的动态随机一般均衡模型，发现技术扩散冲击能够通过 R&D 投入的内生技术转化，很好地解释中国的经济波动。刘森等（2016）在动态随机一般均衡框架下，基于内生市场结构理论，研究 ICT 中的核心技术模拟云计算对中国经济的影响，发现云计算的技术扩散速度决定其对就业、企业产出和 GDP 等的促进作用具有显著差异性。本章在动态随机一般均衡模型的分析框架下，分析 TFP 冲击、ICT 资本专有技术冲击和非 ICT 资本专有技术冲击对中国各宏观经济变量的影响。具体来说，对于厂商部门，将厂商的生产投入要素由常规的物质资本和劳动扩展为非 ICT 资本和 ICT 资本，构建非 ICT 资本和 ICT 资本的积累方程和两类资本的专有技术冲击，厂商根据租赁的非 ICT 资本、ICT 资本和雇用的劳动力实现利润最大化。对于家庭部门，投资行为由物质资本投资变为非 ICT 资本投资和 ICT 资本投资，代表性个人根据厂商提供的两类资本的利率和工资水平，选择消费—劳动路径、非 ICT 资本、ICT 资本的投资决策实现效用最大化。蔡跃洲和张钧南（2015）计算 1997～2018 年中国 ICT 资本数据，然后，根据 ICT 资本的发展特征，分别在 1997～2007 年和 2008～2018 年进行数值模拟和数值对比，分析 TFP 冲击、ICT 资本专有技术冲击和非 ICT 资本专有技术冲击对中国经济各宏观经济变量的影响。

6.3 理论模型构建

6.3.1 厂商部门

假设经济市场是完全竞争的，有无数个生产厂商，且厂商的决策行为是同质的，在厂商部门进行生产时，其生产投入要素，包括生产技术水平、社会一般资本、信息通信技术资本和劳动投入，其生产函数为柯布—道格拉斯形式，即：

$$Y_t = A_t \ (Z_t)^{\alpha_1} \ (K_t)^{\alpha_2} \ (L_t)^{\alpha_3} \qquad (6-1)$$

在式（6-1）中，Y_t 表示生产部门的产出，A_t 表示传统生产活动的全要素生产率，Z_t 表示厂商部门的信息通信技术资本投入，K_t 表示厂商部门的社会一般资本（非信息通信技术资本）投入，L_t 表示厂商部门的劳动投入，α_1、α_2 和 α_3 分别表示信息通信技术资本、社会一般资本和劳动的投入—产出弹性。

厂商的利润最大化问题可以表示为：

$$\max_{\{K_t, Z_t, L_t\}} \pi_t = Y_t - W_t L_t - (r_t^k + \delta^k) K_t - (r_t^z + \delta^z) Z_t \qquad (6-2)$$

求解厂商的利润最大化问题，可得以下关于 K_t^n，K_t^e 和 N_t 的最优一阶条件：

$$r_t^k = A_t \ (Z_t)^{\alpha_1} \ (K_t)^{\alpha_2 - 1} \ (L_t)^{\alpha_3} - \delta^k \qquad (6-3)$$

$$r_t^z = A_t \ (Z_t)^{\alpha_1 - 1} \ (K_t)^{\alpha_2} \ (L_t)^{\alpha_3} - \delta^z \qquad (6-4)$$

$$W_t = A_t \ (Z_t)^{\alpha_1} \ (K_t)^{\alpha_2} \ (L_t)^{\alpha_3 - 1} \qquad (6-5)$$

6.3.2 非 ICT 投资与 ICT 投资的设定

一般物质资本（非 ICT 投资）存量 K_t 的积累运动方程为：

$$K_{t+1} = (1 - \delta^k) K_t + T_t^k I_t^k \qquad (6-6)$$

在式（6-6）中，δ^k 表示一般物质资本存量的折旧率；I_t^k 表示第 t 期一般物质资本的投资量，即厂商在第 t 期非 ICT 投资；T_t^k 表示非 ICT 投资的投资专有技术进步，体现了每单位一般物质资本所使用技术的当期状态（Greenwood et al.，1997），若 T_t^k 提高，意味着资本质量提高了。为了衡量非 ICT 投资专有技术水平变化对经济系统中各个宏观经济变量的影响，假设 T_t^k 为随机变量，表示非 ICT 投资的专有技术冲击，且 T_t^k 与其稳态值 T^{k*} 的随机偏离服从 AR（1）过程，则有：

$$\log T_t^k = (1 - \rho_{Tk}) \log T^{k*} + \rho_{Tk} \log T_t^k + \varepsilon_{t+1}^{Tk}, \varepsilon_{t+1}^{Tk} \sim N(0, \sigma_k^2) \quad (6-7)$$

在式（6 – 7）中，$\{\varepsilon_{t+1}^{Tk}\}_{t=0}^{+\infty}$为白噪声过程。

信息通信技术（ICT）资本存量 Z_t 的积累运动方程为：

$$Z_{t+1} = (1 - \delta^z)Z_t + T_t^z I_t^z \qquad (6 - 8)$$

在式（6 – 8）中，δ^z 表示信息通信技术资本存量的折旧率，I_t^z 表示第 t 期信息通信技术的投资，即厂商在第 t 期的 ICT 投资。T_t^z 表示信息通信技术资本的投资专有技术进步，若 T_t^z 提高，说明在生产过程中，每单位 ICT 投资融入经济资本中的数量越多，代表着 ICT 投资过程中优质资本融入现有信息通信技术资本存量中的技术水平提高了。为了研究 ICT 投资专有技术调整对经济增长的影响，假设 T_t^z 表示随机变量，表示 ICT 投资的专有技术冲击，且 T_t^z 与其稳态值 T^{z*} 的随机偏离服从一阶自回归（AR（1））过程，则有：

$$\log T_t^z = (1 - \rho_{Tz})\log T^{z*} + \rho_{Tz}\log T_t^z + \varepsilon_{t+1}^{Tz}, \varepsilon_{t+1}^{Tz} \sim N(0, \sigma_z^2) \quad (6 - 9)$$

在式（6 – 9）中，$\{\varepsilon_{t+1}^{Tz}\}_{t=0}^{+\infty}$为白噪声过程。

6.3.3　家庭部门

假设经济体中存在无数个同质家庭，每个家庭均能生产无限期且具有相同偏好，瞬时效用函数设为以下形式：

$$U(C_t, N_t) = \gamma \ln C_t + (1 - \gamma)\ln(1 - L_t) \qquad (6 - 10)$$

则家庭面临的效用最大化问题为：

$$\max_{\{C_t, L_t, I_t^k, I_t^z\}} E_0 \left\{ \sum_{t=0}^{\infty} \beta^t [\gamma \ln C_t + (1 - \gamma)\ln(1 - L_t)] \right\} \qquad (6 - 11)$$

在式（6 – 11）中，E_0 表示基于 0 期信息形成的条件期望算子；$0 < \beta < 1$，表示主观贴现率；γ 表示代表性家庭在消费和生态环境质量之间的权衡值。

在第 t 期家庭的预算约束为：

$$(1 + \tau_c)C_t + S_{t+1}^k + S_{t+1}^z = (1 - \tau_w)W_t L_t + (1 - \tau_s)r_t^k K_t + (1 - \tau_s)r_t^z Z_t + G_t$$
$$(6 - 12)$$

在式（6 – 12）中，τ_c、τ_w、τ_s 分别表示消费税、劳动所得税和资

本所得税。

求解代表性家庭的效用最大化问题，可得一阶条件与横截性条件，
如下：

$$\frac{\gamma}{C_t(1+\tau_c)} = \lambda_t \tag{6-13}$$

$$\frac{1-\gamma}{\gamma}\frac{C_t}{1-L_t} = \frac{1-\tau_w}{1+\tau_c}W_t \tag{6-14}$$

$$\frac{1}{C_t T_t^k} = \beta E_t\left\{\frac{1}{C_{t+1}T_{t+1}^k}\left[(1-\tau_s)r_{t+1}^k + \frac{1-\delta^k}{T_{t+1}^k}\right]\right\} \tag{6-15}$$

$$\frac{1}{C_t T_t^z} = \beta E_t\left\{\frac{1}{C_{t+1}T_{t+1}^z}\left[(1-\tau_s)r_{t+1}^z + \frac{1-\delta^z}{T_{t+1}^z}\right]\right\} \tag{6-16}$$

$$\lim E_t\beta^{t+j}\lambda_{t+j}S_{t+j}^i = 0, \quad i = k, \ z$$

其中，λ_t 为预算约束的拉格朗日乘子。

6.3.4　政府部门

政府部门的财政收入来源为家庭向政府缴纳的消费税、劳动所得
税、非 ICT 资本所得税和 ICT 资本所得税，即 $\tau_c C_t + \tau_w W_t L_t + \tau_s r_t^k K_t +$
$\tau_s r_t^z Z_t$；政府部门的财政支出用于政府转移支付 G_t，则政府的收支平衡
式为：

$$G_t = \tau_c C_t + \tau_w W_t L_t + \tau_s r_t^k K_t + \tau_s r_t^z Z_t \tag{6-17}$$

6.3.5　均衡系统

给定经济中代表性家庭的偏好 $\{C_t, \ 1-L_t, \ S_{t+1}^k, \ S_{t+1}^z\}_{t=0}^{\infty}$、厂商的
投入要素 $\{K_t, \ Z_t, \ L_t\}_{t=0}^{\infty}$、政府支出分配 $\{G_t\}_{t=0}^{\infty}$ 以及经济系统中的各类
技术水平 $\{A_t, \ T_t^z, \ T_t^k\}_{t=0}^{\infty}$，当经济达到均衡状态时，代表性家庭实现效
用最大化、代表性厂商实现利润最大化，并且，消费品市场、资本市场
以及劳动力市场均出清，即：

$$S_t^k = K_t \tag{6-18}$$

$$S_t^z = Z_t \tag{6-19}$$

$$C_t + I_t^k + I_t^z + G_t = Y_t \tag{6-20}$$

6.4 参数的校准与贝叶斯估计

模型中的参数分为静态参数和动态参数两类，对于静态参数，结合既有文献和中国经济数据，采用校准的方法进行赋值；对于冲击动态参数，在动态随机一般均衡模型设定的基础上采用贝叶斯方法进行估计。

6.4.1 静态参数的校准

主观贴现因子 β，根据中国人民银行公布的贷款基准利率数据，计算得到样本期内贷款年化平均利率为 4.35%，并将其折算为月度利率数据，利用理论模型稳态结果，可以计算主观贴现因子 $\beta = 0.99$。

一般物质资本（非 ICT 资本）的折旧率 δ^k，既有中文文献对其进行测算，多数文献将物质资本的折旧率设定在 5% 左右（郭庆旺等，2004；万东华，2009），本章经过校准后，令 $\delta^k = 0.05$。

信息通信技术资本（ICT 资本）的折旧率 δ^z，与左晖等（2021）的做法一致，使用中国信息通信研究院的标准，信息通信技术硬件的折旧率为 0.3119，信息通信技术软件的折旧率为 0.315，本章理论模型中信息通信技术的设定并未区分硬件和软件，因此，本章经过校准，令 $\delta^z = 0.313$。

λ 表示居民部门对消费和闲暇进行决策的偏好，其数值表示居民总收入中用于消费支出的份额，利用样本期内人均消费和人均可支配收入的月度数据进行测算，可得 $\lambda = 0.661$。

信息通信技术资本（ICT 资本）、社会一般资本（非 ICT 资本）和劳动的产出弹性 α_1、α_2 和 α_3，对于一般物质资本和劳动的产出弹性研究较多，但因为采用数据不同，所以，结果的差异较大，但基本上可以归纳为两种情形，即：分别为 0.40 和 0.60，或者分别为 0.30 和 0.70。

结合崔百胜（2019）的结果，前者将劳动的产出弹性设定为 0.70，后者将一般物质资本的产出弹性和信息通信技术资本的产出弹性分别设定为 0.260 和 0.064；本章将 α_1、α_2 和 α_3 校准为 0.13、0.37 和 0.50。

关于消费税 τ_c、劳动所得税 τ_w、资本所得税 τ_s，既有大量文献对平均有效税率进行研究测算，本章参考吕冰洋和陈志刚（2015）、刘海波等（2019）的研究，经过校准令 $\tau_c = 0.12$、$\tau_w = 0.17$ 和 $\tau_s = 0.24$。静态参数的校准结果，见表 6 – 1。

表 6 – 1 　　　　　　　　　　静态参数的校准结果

部门	参数	取值	参数描述	来源
家庭部门	β	0.99	主观贴现因子	笔者计算
	λ	0.661	消费与闲暇的偏好参数	笔者计算
	δ^k	0.05	一般物质资本（非 ICT 资本）折旧率	郭庆旺等（2004）万东华（2009）
	δ^z	0.313	信息通信技术资本（ICT 资本）折旧率	左晖等（2021）中国信息通信研究院的标准
厂商部门	α_1	0.13	信息通信技术资本（ICT 资本）的产出弹性	崔百胜（2019）赫忠（Hyuk Chung，2017）
	α_2	0.37	社会一般资本（非 ICT 资本）的产出弹性	
	α_3	0.50	劳动的产出弹性	
政府部门	τ_c	0.12	消费税率	吕冰洋和陈志刚（2015）刘海波等（2019）
	τ_w	0.17	劳动所得税率	
	τ_k	0.24	资本所得税率	

资料来源：笔者根据既有文献的相关数据计算整理而得。

6.4.2　动态参数的贝叶斯估计

关于动态参数的校准，本章利用贝叶斯估计进行估算。首先，关于样本数据的选取问题，选取数据的样本期为 1997～2018 年，以中国 ICT 投资、国内生产总值（GDP）的年度数据作为样本；其次，对先验分布进行设置，参考肯汗和特苏卡拉斯（Khan and Tsoukalas，2012）的观点，将各项冲击的自回归系数设定为贝塔（Beta）分布，扰动项设定为逆伽马（Inv. Gamma）分布。

对于 ICT 资本存量的计算，蔡跃洲和张钧南（2015）详细计算了 1977～2012 年中国的非 ICT 投资存量的资本存量、ICT 投资存量的资本存量，郭美晨和杜传忠（2019）计算了 1995～2015 年的 ICT 投资存量的资本存量。本章利用蔡跃洲和张钧南（2015）的测算结果，进一步计算 1977～2012 年中国 ICT 投资，见图 6-1，可以发现，1977～1996 年，中国 ICT 投资基本上保持比较低迷的态势，增长比较缓慢；1997～2007 年，中国 ICT 投资增长较快，由 1997 年的 236.96 亿元增长到 2007 年的 1 898.43 亿元；2008～2012 年，中国 ICT 投资增速骤然增加，由 2008 年的 2 178.64 亿元增加至 2012 年的 10 216.43 亿元，2012 年由笔者计算，虽然数据缺失且个别变量的统计口径不同，但是，基本上可以判断 ICT 资本投资的增长态势总体上保持不变。本章根据 ICT 资本投资的变化特征，将对 1997～2007 年和 2008～2018 年两个时间段进行数值模拟。对于 1997～2007 年中国 ICT 资本投资的数据，采用蔡跃洲和张钧南（2015）的计算结果，对于 2008～2018 年的数据，笔者将按照下面的方法进行计算。

本章借鉴蔡跃洲和张钧南（2015）与郭美晨和杜传忠（2019）的研究思路，计算 2008～2018 年中国的 ICT 投资。首先，利用 2008～2018 年中国的 31 个省（区、市）42 个部门的《投入产出表》中通信设备、计算机和其他电子设备与信息传输、软件和信息技术服务两个指标的固定资产形成总额和总产值数据作为 ICT 的固定资产投资和总产值的数据，计算 ICT 固定资产投资总额与其总产值的比率作为 ICT 资本的投资率，根据数据可得性，以《投入产出表》公布的年份（2005 年、2007 年、2010 年、2012 年、2015 年、2017 年、2018 年）为准，对于数据缺失的年份，利用插值法和外推法进行估算，得到 ICT 资本的投资率。其次，利用《中国电子信息产业统计年鉴》中 ICT 制造业和软件业的主营业务收入、出口额和进口额，因为出口额数据、进口额数据单位为亿美元，所以，利用中国金融数据库中的汇率数据对出口额、进口额的数据进行单位换算，然后，利用商品流量法计算 ICT 产业的总产值，选择

2008 年为基期，本章选取《中国统计年鉴》中通信设备、计算机及其他电子设备制造业的工业生产者出厂价格指数来代表 ICT 资本价格指数，对名义 ICT 资本投资消除价格因素（郭美晨和杜传忠，2019），得到 2008～2018 年实际的 ICT 资本投资量。

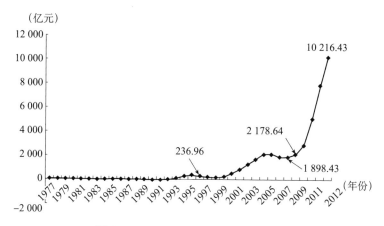

图 6 - 1　1977～2012 年中国 ICT 投资

资料来源：笔者根据《中国统计年鉴》《中国电子信息产业统计年鉴》《投入产出表》的相关数据运用Excel软件计算整理绘制而得。

对于 1997～2007 年实际 ICT 投资量的数据，本章采用蔡跃洲和张钧南（2015）计算所得的数据，虽然两个时间段的数据计算过程中关于 ICT 产业产值的计算方法有所不同，蔡跃洲和张钧南（2015）中利用信息技术产业制造业和软件业的产值数据，因为《中国电子信息产业统计年鉴》2013 年后未公布产值数据，所以，本章在计算 2008～2018 年的产值数据时采用商品流量法，其对数值模拟的最终结果影响不大。

动态参数的贝叶斯估计结果，见表 6 - 2。具体为理论模型中全要素生产率冲击、非 ICT 投资专有技术冲击和 ICT 投资专有技术冲击中回归系数和随机扰动项的贝叶斯估计结果。1997～2007 年动态参数的先验分布与后验分布，见图 6 - 2。2008～2018 年动态参数的先验分布与后验分布，见图 6 - 3。两张图均包括全要素生产率冲击、非 ICT 投资专有技术冲击和 ICT 投资专有技术冲击中回归系数和随机扰动项的先验分布和后验分布。

表6－2 动态参数的贝叶斯估计结果

参数	参数说明	先验均值	后验分布	后验均值	后验置信区间	
ρ_A	全要素生产技术冲击的一阶自回归系数（1997～2007年）	0.85	Beta	0.8593	0.8431	0.8752
ρ_A	全要素生产技术冲击的一阶自回归系数（2008～2018年）	0.85	Beta	0.8564	0.8423	0.8738
ρ_{T^k}	非ICT投资的专有技术冲击的一阶自回归系数（1997～2007年）	0.70	Beta	0.7011	0.6844	0.7164
ρ_{T^k}	非ICT投资的专有技术冲击的一阶自回归系数（2008～2018年）	0.70	Beta	0.6982	0.6842	0.7134
ρ_{T^Z}	ICT投资的专有技术冲击的一阶自回归系数（1997～2007年）	0.60	Beta	0.5966	0.5810	0.6117
ρ_{T^Z}	ICT投资的专有技术冲击的一阶自回归系数（2008～2018年）	0.60	Beta	0.5951	0.5766	0.6100
ε_{t+1}^A	全要素生产技术冲击的随机扰动项（1997～2007年）	0.50	Inv. Gamma	1.2098	0.8048	1.5565
ε_{t+1}^A	全要素生产技术冲击的随机扰动项（2008～2018年）	0.50	Inv. Gamma	2.2622	1.4610	3.0252
$\varepsilon_{t+1}^{T^k}$	非ICT投资的专有技术冲击的随机扰动项（1997～2007年）	0.50	Inv. Gamma	0.3820	0.1903	0.5687
$\varepsilon_{t+1}^{T^k}$	非ICT投资的专有技术冲击的随机扰动项（2008～2018年）	0.50	Inv. Gamma	0.3896	0.1351	0.5949
$\varepsilon_{t+1}^{T^Z}$	ICT投资的专有技术冲击的随机扰动项（1997～2007年）	0.50	Inv. Gamma	0.2926	0.1323	0.4336
$\varepsilon_{t+1}^{T^Z}$	ICT投资的专有技术冲击的随机扰动项（2008～2018年）	0.50	Inv. Gamma	0.2704	0.1144	0.3869

资料来源：笔者利用 Dynare 4.6.2 软件模拟而得。

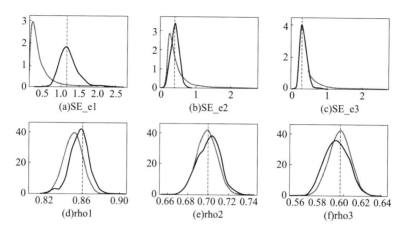

图 6 - 2　1997～2007 年动态参数的先验分布与后验分布

资料来源：笔者利用 Dynare 4.6.2 软件模拟而得。

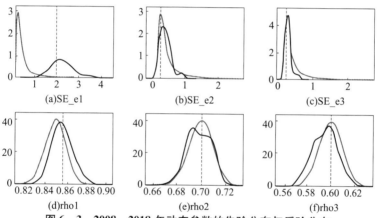

图 6 - 3　2008～2018 年动态参数的先验分布与后验分布

资料来源：笔者利用 Dynare 4.6.2 软件模拟而得。

6.5　动态效应与传导机制分析

本节基于上述估计参数对理论模型进行动态数值模拟，并对其传导
机制进行分析。2008 年金融危机对中国宏观经济造成冲击，因此，将时
间划分为 1997～2007 年、2008～2018 年两个时间段。首先，考察 ICT
投资冲击对两个时间段的产出、消费、非 ICT 投资、ICT 投资、非 ICT

资本存量以及 ICT 资本存量等经济变量的影响；其次，考察非 ICT 投资冲击对两个时间段的产出、消费、非 ICT 投资、ICT 投资、非 ICT 资本存量以及 ICT 资本存量等经济变量的影响；最后，对比、分析两类不同投资在不同时间段对中国宏观经济影响的差异，并对其传导机制进行探讨。

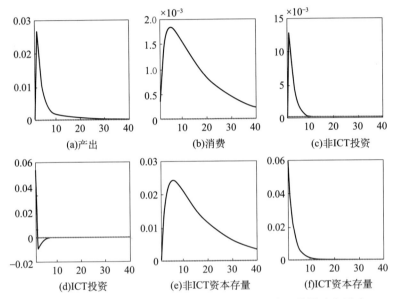

图 6-4　1997~2007 年 ICT 投资冲击对宏观经济系统的动态影响
资料来源：笔者利用 Dynare 4.6.2 软件模拟而得。

1997~2007 年 ICT 投资冲击对宏观经济系统的动态影响，见图 6-4。从整体来看，ICT 投资冲击对宏观经济系统具有正向影响，表现在对产出、消费、非 ICT 资本存量以及 ICT 资本存量上均有正向刺激作用。具体来看，ICT 投资冲击对产出的影响相对比较短暂，在一单位 ICT 投资冲击后，产出快速提升至 2.7%，之后，向稳态值迅速回归，在第 20 期影响基本消失；ICT 投资冲击对消费的影响时间相对持久，但影响程度小于对产出的影响，可以看出在第 6 期达到最高值 0.18%，之后缓慢回落，但直到第 40 期仍然具有一定影响；ICT 投资冲击对非 ICT 资本存量与 ICT 资本存量的影响存在一些差异，表现在对非 ICT 资本存量影响的持续性较强，但影响程度弱于对 ICT 资本存量的影响。

2008～2018 年 ICT 投资冲击对宏观经济系统的动态影响，见图 6 - 5。从整体来看，ICT 投资冲击对宏观经济的影响与 1997～2007 年类似，然而，从具体影响程度来看，ICT 投资冲击对产出的影响比第一阶段显著增大，一单位 ICT 投资冲击对产出的影响最高值达到 4.8%，远高于第一阶段的 2.7%。同时，ICT 投资冲击对消费、非 ICT 资本存量以及 ICT 资本存量的影响，也比第一阶段有所增强，之所以出现这种现象，原因可能在于，2008 年金融危机后，中国公共投资规模较大，刺激经济快速复苏。在此背景下，企业 ICT 投资受益于中国宽松的货币政策环境与财政政策环境，产生事半功倍的效果。

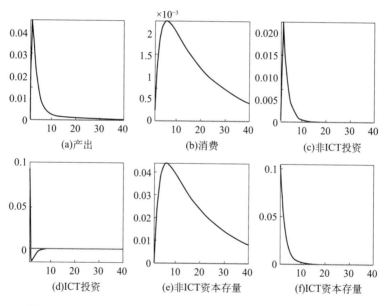

图 6 - 5　2008～2018 年 ICT 投资冲击对宏观经济系统的动态影响
资料来源：笔者利用 Dynare 4.6.2 软件模拟而得。

从传导机制来看，一是 ICT 投资对企业生产技术的提升具有较强的带动作用，进而提升企业全要素生产率，企业产出也随之增加，ICT 资本存量也将随着该方面投资的增长而同步上升；二是非 ICT 投资与非

ICT 资本存量的增长更多得益于企业生产效率的提升，促进企业盈利能力提高，进而带动企业投资水平上升，也对非 ICT 投资量有间接促进作用；三是居民消费显著上升，原因在于，ICT 投资通过提升企业生产效率提高企业业绩，进而使得企业职工收入提升，对居民消费也有提振作用。

1997～2007 年非 ICT 投资冲击对宏观经济系统的动态影响，见图 6－6。从整体来看，非 ICT 投资冲击对各经济变量的影响存在显著差异，具体表现在：一单位非 ICT 投资冲击对产出的影响在不同时间段存在较大波动，表现为短期脉冲之后的持续性正向影响，一单位非 ICT 投资冲击对消费的影响表现为先负后正的特征，而对 ICT 投资存在短暂的挤出效应，非 ICT 资本存量受到该冲击后显著上升且具有明显的持续性，对 ICT 投资的挤出效应导致 ICT 资本存量也出现一定程度下降。

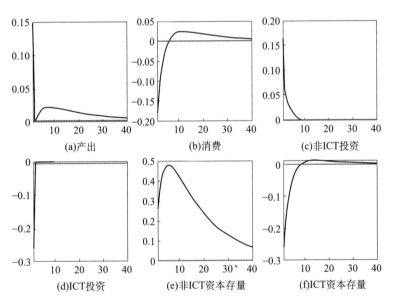

图 6－6　1997～2007 年非 ICT 投资冲击对宏观经济系统的动态影响
资料来源：笔者利用 Dynare 4.6.2 软件模拟而得。

2008～2018 年非 ICT 投资冲击对宏观经济系统的动态影响，见图 6－

7。从整体来看，非 ICT 投资冲击对宏观经济的影响与 1997～2007 年较为
类似，从具体的影响程度来看，非 ICT 投资冲击对产出的正向影响要弱于
第一阶段，同时，对消费的负向影响也弱于第一阶段，ICT 投资冲击对非
ICT 资本存量的影响以及 ICT 资本存量的影响也比第一阶段有所减弱，主
要原因可能在于，随着中国经济实力的逐渐增强，近年来，企业投资重心
向 ICT 投资倾斜，导致非 ICT 投资对企业生产经营活动的边际影响有所
削弱。

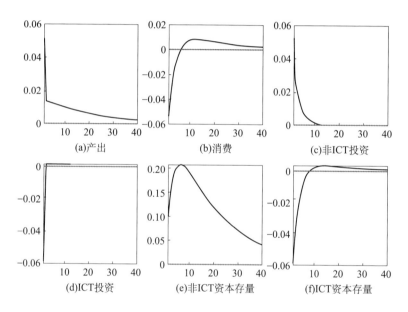

图 6 - 7　2008～2018 年非 ICT 投资冲击对宏观经济系统的动态影响
资料来源：笔者利用 Dynare 4.6.2 软件模拟而得。

从传导机制上来看，一方面，非 ICT 投资能够通过扩大企业规模促
进企业产出水平上升，然而，粗放型的投资方式并不一定能够改善企业
的生产效率，企业盈利能力也难以显著改善，企业职工的收入水平以及
消费水平也会受到非 ICT 投资的负面冲击；另一方面，非 ICT 投资能够
带来非 ICT 资本存量的增长，并通过挤出 ICT 投资，导致 ICT 资本存量
下降。

6.6 研究结论与研究建议

本章通过将企业投资行为区分为 ICT 投资与非 ICT 投资两种类型，构建包含代表性家庭、代表性厂商和政府的三部门动态随机一般均衡模型，考察企业 ICT 投资对企业产出、消费、非 ICT 资本存量以及 ICT 资本存量的影响。研究发现以下两个结论。

第一，ICT 投资冲击对宏观经济具有正向影响，表现在对产出、消费、非 ICT 资本存量以及 ICT 资本存量均具有正向刺激作用，但对各变量影响的持续性存在差异，ICT 投资冲击对产出的影响相对比较短暂，而对消费的影响相对比较持久，但影响程度小于对产出的影响，对非 ICT 资本存量影响的持续性较强，但影响程度弱于对 ICT 资本存量的影响。从两个不同时间段的影响来看，ICT 投资冲击在 2008～2018 年对各经济变量的影响比在 1997～2007 年更显著，特别是对产出的影响远高于第一阶段。

第二，非 ICT 投资冲击对各经济变量的影响存在显著差异，具体表现在：非 ICT 投资冲击对产出的影响在不同时间段存在较大波动，表现为短期脉冲之后的持续性正向影响，而对消费的影响表现为先负后正的特征，对 ICT 投资存在短暂的挤出效应，非 ICT 资本存量受到该冲击后显著上升，且具有明显的持续性，ICT 资本存量受到 ICT 投资的挤出效应后呈现一定程度下降。从两个不同时间段的影响来看，非 ICT 投资冲击在 2008～2018 年对各经济变量的影响弱于 1997～2007 年。

上述研究结论对我们进一步认识非 ICT 投资、ICT 投资与经济增长之间的关系具有重要的理论价值，也对深入完善企业投资行为方式、公共投资政策具有重要的现实意义。从宏观层面来说，在中国经济持续追求高质量发展的背景下，一方面，通过加大 ICT 投资规模，改善企业生产技术水平与生产效率，提升企业核心竞争力，从根本上促进企业盈利能力的提高，并为中国宏观经济由粗放型向集约型转变提供支持；另一方面，合理控制非 ICT 投资规模，转变传统生产方式，加大科技研发力度，更新传统生产技术，将非 ICT 投资与 ICT 投资比重保持在理想区间，提高企业资金利用效率，充分挖掘企业物质资本与人力资本的发展潜力，做大做强企业经营规模。

参考文献

［1］艾渺. 人工智能迎来"政策红利"［J］. 中国对外贸易，2021（2）：18 - 19.

［2］陈茫，张珏. 基于人工智能的图书馆服务实践应用创新与思考［J］. 图书馆，2018（12）：8 - 16.

［3］蔡耀婷. 人工智能在医疗领域的应用现状及发展前景［J］. 护理研究，2019，33（15）：2640 - 2643.

［4］曹静，周亚林. 人工智能对经济的影响研究进展［J］. 经济学动态，2018（1）：103 - 115.

［5］陈明星，陆大道，张华. 中国城市化水平的综合测度及其动力因子分析［J］. 地理学报，2009，64（4）：387 - 398.

［6］蔡跃洲，张钧南. 信息通信技术对中国经济增长的替代效应与渗透效应［J］. 经济研究，2015，50（12）：100 - 114.

［7］陈常滢. 人工智能类上市公司估值问题研究［D］. 广州：广东外语外贸大学，2020.

［8］陈琪仁，王天韵，欧阳汝佳. 成长型企业估值模型研究——以新三板为例［J］. 中央财经大学学报，2020（9）：55 - 69.

［9］陈心颖. 人口集聚对区域劳动生产率的异质性影响［J］. 人口研究，2015，39（1）：85 - 95.

［10］陈永伟，曾昭睿．机器人与生产率：基于省级面板数据的分析
［J］．山东大学学报（哲学社会科学版），2020（2）：82 - 97．

［11］程虹．管理提升了企业劳动生产率吗？——来自中国企业劳动
力匹配调查的经验证据［J］．管理世界，2018，34（2）：80 - 92，187．

［12］程名望，张家平．ICT 服务业资本存量及其产出弹性估算研究
［J］．中国管理科学，2019，27（11）：189 - 199．

［13］段小梅，陈罗旭．数字经济对高技术产业出口竞争力的空间
溢出效应——以长江经济带为例［J］．重庆工商大学学报（社会科学
版），2022，39（4）：129 - 139．

［14］丁志帆．数字经济驱动经济高质量发展的机制研究：一个理
论分析框架［J］．现代经济探讨，2020（1）：85 - 92．

［15］党琳，李雪松，申烁．数字经济、创新环境与合作创新绩效
［J］．山西财经大学学报，2021，43（11）：1 - 15．

［16］段玉婷，王玉荣，卓苏凡．产业互联网下企业创新"竞合"
网络与创新绩效［J］．技术经济，2021，40（8）：51 - 62．

［17］邓洲，黄娅娜．人工智能发展的就业影响研究［J］．学习与
探索，2019（7）：99 - 106，175．

［18］范剑勇．产业集聚与地区间劳动生产率差异［J］．经济研究，
2006（11）：72 - 81．

［19］高晓素．公司估值方法简介及适用性分析［J］．时代金融，
2014（2）：203，205．

［20］郭庆旺，贾俊雪．中国潜在产出与产出缺口的估算［J］．经
济研究，2004（5）：31 - 39．

［21］郭美晨，杜传忠．ICT 提升中国经济增长质量的机理与效应分
析［J］．统计研究，2019，36（3）：3 - 16．

［22］郭敏，方梦然．人工智能与生产率悖论：国际经验［J］．经济
体制改革，2018（5）：171 - 178．

［23］何小钢，梁权熙，王善骝．信息技术、劳动力结构与企业生产率——破解"信息技术生产率悖论"之谜［J］．管理世界，2019，35（9）：65－80．

［24］何小钢，王善骝．信息技术生产率悖论：理论演进与跨越路径［J］．经济学家，2020（7）：42－52．

［25］韩喜平，王晓慧．21 世纪中国马克思主义政治经济学的建构［J］．治理现代化研究，2019（1）：22－27．

［26］黄银波．医疗器械行业的科技型中小企业估值探讨——以瑞尔通医疗为例［J］．中国集体经济，2020（33）：76－78．

［27］黄汉杰．网络直播平台的估值研究［D］．杭州：浙江大学，2020．

［28］韩廷春．金融发展与经济增长：基于中国的实证分析［J］．经济科学，2001（3）：31－40．

［29］韩骞，王子晨．国家数字经济创新发展试验区科技创新与数字经济发展关联评价研究［J］．科学管理研究，2022，40（1）：74－78．

［30］黄庆华，时培豪，胡江峰．产业集聚与经济高质量发展：长江经济带 107 个地级市例证［J］．改革，2020（1）：87－99．

［31］逄锦聚，林岗，杨瑞龙，黄泰岩．促进经济高质量发展笔谈［J］．经济学动态，2019（7）：3－19．

［32］靳来群．中国高研发投入与低生产率悖论的分析——基于研发要素配置扭曲的视角［J］．现代经济探讨，2022（6）：22－32．

［33］荆文君，孙宝文．数字经济促进经济高质量发展：一个理论分析框架［J］．经济学家，2019（2）：66－73．

［34］纪益成．企业价值评估与公司估值的关系研究［J］．会计之友，2018（9）：2－8．

［35］孔东民，庞立让．研发投入对生产率提升的滞后效应：来自

工业企业的微观证据［J］．产业经济研究，2014（6）：69－80，90.

［36］李静，彭飞，毛德凤．研发投入对企业全要素生产率的溢出效应——基于中国工业企业微观数据的实证分析［J］．经济评论，2013（3）：77－86.

［37］李健旋，赵林度．金融集聚、生产率增长与城乡收入差距的实证分析——基于动态空间面板模型［J］．中国管理科学，2018，26（12）：34－43.

［38］李婉红，王帆．智能化转型、成本粘性与企业绩效——基于传统制造企业的实证检验［J］．科学学研究，2022，40（1）：91－102.

［39］李小平，李小克．偏向性技术进步与中国工业全要素生产率增长［J］．经济研究，2018，53（10）：82－96.

［40］李培哲，菅利荣．网络结构、知识基础与企业创新绩效［J］．复杂系统与复杂性科学，2022（2）：31－38.

［41］李晓阳，鄢晓凤，肖桑梦．人口集聚对经济发展的异质性影响及作用机制：长三角的证据［J］．西北人口，2020，41（6）：25－39.

［42］李健，卫平．金融发展与全要素生产率增长——基于中国省际面板数据的实证分析［J］．经济理论与经济管理，2015（8）：47－64.

［43］李占风，郭小雪．金融发展对城市全要素生产率的增长效应与机制——基于资源环境约束视角［J］．经济问题探索，2019（7）：162－172，190.

［44］刘方喜．"大机器工业体系"向"大数据物联网"范式转换：社会主义"全民共建共享"生产方式建构的重大战略机遇［J］．毛泽东邓小平理论研究，2017（10）：73－79，108.

［45］刘修岩．集聚经济与劳动生产率：基于中国城市面板数据的实证研究［J］．数量经济技术经济研究，2009，26（7）：109－119.

［46］刘洁，张新乐，陈海波．长三角地区人口集聚对经济高质量发展的影响［J］．华东经济管理，2022，36（2）：12－20.

［47］刘洋，董久钰，魏江．数字创新管理：理论框架与未来研究［J］．管理世界，2020，36（7）：198－217，219．

［48］李晓瑜．DCF与B－S定价模型的结合在企业价值评估中的应用［D］．南昌：江西财经大学，2017．

［49］李培哲，菅利荣．网络结构、知识基础与企业创新绩效［J/OL］．复杂系统与复杂性科学，2022（2）：31－38．

［50］李凯，任晓艳，向涛．产业集群效应对技术创新能力的贡献——基于国家高新区的实证研究［J］．科学学研究，2007（3）：448－452．

［51］刘伟．中国高新技术产业研发创新效率测算——基于三阶段DEA模型［J］．数理统计与管理，2015，34（1）：17－28．

［52］刘军，曹雅茹，吴昊天．产业协同集聚对区域绿色创新的影响［J］．中国科技论坛，2020（4）：42－50．

［53］刘军，杨渊鋆，张三峰．中国数字经济测度与驱动因素研究［J］．上海经济研究，2020（6）：81－96．

［54］龙婉莹．数字经济助力中国经济高质量发展研究［J］．黑龙江科学，2022，13（4）：13－16，30．

［55］刘海波，邵飞飞，钟学超．我国结构性减税政策及其收入分配效应——基于异质性家庭NK－DSGE的模拟分析［J］．财政研究，2019（3）：30－46．

［56］刘军，杨渊鋆，张三峰．中国数字经济测度与驱动因素研究［J］．上海经济研究，2020（6）：81－96．

［57］刘森，刘渊，杨洋．云计算技术扩散与经济增长——基于DSGE的模型分析［J］．科研管理，2016，37（9）：49－58．

［58］林颖华．基于自由现金流量表的电商企业投资价值分析［J］．财会通讯，2018（5）：3－6．

［59］刘宇蕾．新零售背景下零售企业市场投资价值分析［J］．商业经济研究，2020（10）：121－123．

［60］李双兵，冀巨海．高新技术企业风险投资价值评估——基于模糊实物期权视角［J］．财会通讯，2016（5）：8-10.

［61］李振，周东岱，刘娜，欧阳猛．人工智能应用背景下的教育人工智能研究［J］．现代教育技术，2018，28（9）：19-25.

［62］雷敏，余涛，李添强．人工智能在资产托管行业应用探索与前瞻［J］．人工智能，2020（6）：97-105.

［63］吕冰洋，陈志刚．中国省际资本、劳动和消费平均税率测算［J］．财贸经济，2015（7）：44-58.

［64］鲁晓东，连玉君．中国工业企业全要素生产率估计：1999—2007［J］．经济学（季刊），2012，11（2）：541-558.

［65］麻斯亮，魏福义．人工智能技术在金融领域的应用：主要难点与对策建议［J］．南方金融，2018（3）：78-84.

［66］闵路路，许正中．数字经济、创新绩效与经济高质量发展——基于中国城市的经验证据［J］．统计与决策，2022，38（3）：11-15.

［67］马琳．数字经济对高技术产业创新效率的影响研究［J］．经济研究导刊，2021（32）：34-36，84.

［68］马永红，李保祥．数字经济、区域高校知识转移与高技术企业创新绩效［J］．系统管理学报，2022，31（3）：522-533.

［69］牛新星，蔡跃洲．中国信息通信技术产业的全要素生产率变化与发展模式——基于ICT细分行业增长来源核算的实证分析［J］．学术研究，2019（11）：100-109.

［70］秦荣生．人工智能与智能会计应用研究［J］．会计之友，2020（18）：11-13.

［71］曲玥，赵鑫．中国制造业区域梯次升级及演进路径分析——基于区域产业集聚水平变动及其对全要素生产率的影响［J］．产业经济评论，2022（2）：37-58.

［72］邱国栋，任博．响应智能模式的组织重构——基于港口数字

化运营的研究［J］．当代经济管理，2022，44（6）：16－28．

［73］任保平．"十四五"时期转向高质量发展加快落实阶段的重大理论问题［J］．学术月刊，2021，53（2）：75－84．

［74］宋凌云，王贤彬．重点产业政策、资源重置与产业生产率［J］．管理世界，2013（12）：63－77．

［75］孙晓华，王昀．企业规模对生产率及其差异的影响——来自工业企业微观数据的实证研究［J］．中国工业经济，2014（5）：57－69．

［76］施金龙，李绍丽．企业价值评估方法综述与评价［J］．江苏科技大学学报（社会科学版），2009，9（1）：81－83．

［77］史振奇，陈桂欣，吴子玥．科创板拟上市企业估值的研究［J］．中国商论，2020（18）：78－79．

［78］申明浩，谭伟杰，陈钊泳．数字经济发展对企业创新的影响——基于 A 股上市公司的经验证据［J］．南方金融，2022（2）：30－44．

［79］宋义明，张士海．数字经济与我国经济高质量发展［J］．中国高校社会科学，2022（2）：148－153，160．

［80］孙力军．金融发展、FDI 与经济增长［J］．数量经济技术经济研究，2008（1）：3－14．

［81］童红霞．数字经济环境下知识共享、开放式创新与创新绩效——知识整合能力的中介效应［J］．财经问题研究，2021（10）：49－61．

［82］唐贤伟，孙雪琴，樊彩娟．医药行业投资价值分析——基于主成分分析及二元 Logistic 回归模型［J］．商业会计，2017（3）：79－81，126．

［83］田洪刚，杨蕙馨．互联网发展与创新绩效：三维理论框架和异质性验证［J］．南方经济，2021（12）：93－111．

［84］汪伟，刘玉飞，彭冬冬．人口老龄化的产业结构升级效应研究［J］．中国工业经济，2015（11）：47－61．

［85］王悦心．上市企业投资价值研究文献综述［J］．知识经济，

2015（8）：13 – 14.

［86］王燕梅，赵一伟．格力电器企业价值——基于 EVA 方法探析
［J］．现代商贸工业，2020，41（28）：79 – 80.

［87］王英姿．基于实物期权的人工智能企业价值评估研究［D］.
南昌：江西财经大学，2020.

［88］王亚玲．人工智能企业的 EVA 价值评估研究［D］．南京：南
京师范大学，2018.

［89］王俊功．人工智能类上市公司价值评估［D］．兰州：兰州大
学，2018.

［90］王小腾，徐璋勇，刘潭．金融发展是否促进了"一带一路"国
家绿色全要素生产率增长？［J］．经济经纬，2018，35（5）：17 – 22.

［91］魏守华，姜宁，吴贵生．内生创新努力、本土技术溢出与长
三角高技术产业创新绩效［J］．中国工业经济，2009（2）：25 – 34.

［92］万晓榆，罗焱卿．数字经济发展水平测度及其对全要素生产
率的影响效应［J］．改革，2022（1）：101 – 118.

［93］吴雪．旅游上市公司投资价值评价研究［J］．财会通讯，
2016（35）：11 – 15.

［94］王艺霏．论实物期权估价模型在公司价值评估中的适用性
［J］．中国管理信息化，2011，14（13）：25 – 28.

［95］王彩霞．新时代高质量发展的理论要义与实践路径［J］．生
产力研究，2018（10）：20.

［96］万东华．一种新的经济折旧率测算方法及其应用［J］．统计
研究，2009（10）：15 – 18.

［97］魏玮，张万里，宣旸．劳动力结构、工业智能与全要素生产率——
基于我国 2004～2016 年省级面板数据的分析［J］．陕西师范大学学报
（哲学社会科学版），2020，49（4）：143 – 155.

［98］许宪春，张美慧．中国数字经济规模测算研究——基于国际

比较的视角 [J]. 中国工业经济, 2020 (5): 23 - 41.

[99] 谢里, 朱国姝, 陈钦. 人口集聚与经济增长: 基于跨国数据的经验研究 [J]. 系统工程, 2012, 30 (8): 113 - 117.

[100] 谢海洋, 袁怡涵, 曹少鹏. 支付行业投资价值实证分析 [J]. 会计之友, 2017 (17): 46 - 50.

[101] 徐舒, 朱南苗. 异质性要素回报、随机冲击与残差收入不平等 [J]. 经济研究, 2011, 46 (8): 92 - 105.

[102] 闫雪凌, 朱博楷, 马超. 工业机器人使用与制造业就业: 来自中国的证据 [J]. 统计研究, 2020, 37 (1): 74 - 87.

[103] 杨东亮, 李春凤. 高技能人口集聚对中国省际劳动生产率的影响 [J]. 社会科学战线, 2020 (1): 254 - 258.

[104] 叶祥松, 刘敬. 异质性研发、政府支持与中国科技创新困境 [J]. 经济研究, 2018, 53 (9): 116 - 132.

[105] 余泳泽, 宣烨, 沈扬扬. 金融集聚对工业效率提升的空间外溢效应 [J]. 世界经济, 2013, 36 (2): 93 - 116.

[106] 余泳, 陈龙, 王筱. R&D 投入、非 R&D 投入与技术创新绩效作用机制研究——以中国高技术产业为例 [J]. 科技进步与对策, 2015, 32 (6): 66 - 71.

[107] 叶小杰, 李翊. 科创板创新药企业估值分析——以微芯生物为例 [J]. 财务与会计, 2020 (20): 51 - 54.

[108] 余薇, 胡大立. 数字经济时代企业家能力对企业创新绩效的影响 [J]. 江西社会科学, 2022, 42 (2): 183 - 195, 208.

[109] 禹春霞, 满茹, 邹志琴. 基于熵权 - TOPSIS 的人工智能行业上市公司投资价值动态评价研究 [J]. 工业技术经济, 2020, 39 (12): 138 - 146.

[110] 杨明华. 基于 DCF 与 B - S 组合模型的 X 高新技术企业价值评估研究 [D]. 石河子: 石河子大学, 2018.

［111］杨文杰，许向阳．中国林业碳汇股票指数编制与投资价值研究［J］．林业经济问题，2018，38（5）：59－65，107.

［112］杨凯．浅析人工智能在拟 IPO 企业中的应用［J］．会计师，2020（16）：1－2.

［113］杨虎涛．人工智能、奇点时代与中国机遇［J］．财经问题研究，2018（12）：12－20.

［114］余泳，陈龙，王筱．R&D 投入、非 R&D 投入与技术创新绩效作用机制研究——以中国高技术产业为例［J］．科技进步与对策，2015，32（6）：66－71.

［115］杨浩昌，李廉水，刘军．高技术产业聚集对技术创新的影响及区域比较［J］．科学学研究，2016，34（2）：212－219.

［116］袁徽文，高波．数字经济发展与高技术产业创新效率提升——基于中国省级面板数据的实证检验［J］．科技进步与对策，2022，39（10）：11.

［117］张浩然．空间溢出视角下的金融集聚与城市经济绩效［J］．财贸经济，2014（9）：51－61.

［118］张平，刘霞辉，袁富华，张自然．中国经济增长报告(2009—2010)［M］．北京：社会科学文献出版社，2010.

［119］张玄，冉光和，陈科．金融集聚对区域民营经济生产率的空间效应研究——基于空间面板杜宾模型的实证［J］．管理评论，2019，31（10）：72－84.

［120］张同斌．从数量型"人口红利"到质量型"人力资本红利"——兼论中国经济增长的动力转换机制［J］．经济科学，2016（5）：5－17.

［121］张帆．金融发展影响绿色全要素生产率的理论和实证研究［J］．中国软科学，2017（9）：154－167.

［122］张先锋，叶晨，陈永安．人口集聚对城市生产率的影响

[J]．城市问题，2018（3）：57 - 65.

［123］朱巍，陈慧慧，田思嫒，王红武．人工智能：从科学梦到新蓝海——人工智能产业发展分析及对策［J］．科技进步与对策，2016，33（21）：66 - 70.

［124］章雁．高新技术企业价值评估探讨［J］．商业研究，2005（12）：118 - 121.

［125］张楠．人工智能企业价值评估研究［D］．杭州：浙江工商大学，2019.

［126］张长征，黄德春，马昭洁．产业集聚与产业创新效率：金融市场的联结和推动——以高新技术产业集聚和创新为例［J］．产业经济研究，2012（6）：17 - 25.

［127］张倩肖，冯根福．三种 R&D 溢出与本地企业技术创新——基于我国高技术产业的经验分析［J］．中国工业经济，2007（11）：64 - 72.

［128］张彬，彭知岛，赵磊，桂雨萌，谷宁．中国信息化发展的国际比较研究［J］．信息系统工程，2017（6）：122 - 125.

［129］张鸿，刘中，王舒萱．数字经济背景下我国经济高质量发展路径探析［J］．商业经济研究，2019（23）：183 - 186.

［130］赵永亮，杨子晖，苏启林．出口集聚企业"双重成长环境"下的学习能力与生产率之谜——新—新贸易理论与新—新经济地理的共同视角［J］．管理世界，2014（1）：40 - 57.

［131］赵伟，李芬．异质性劳动力流动与区域收入差距：新经济地理学模型的扩展分析［J］．中国人口科学，2007（1）：27 - 35，95.

［132］张智敏，石飞飞，万月亮，徐阳，张帆，宁焕生．人工智能在军事对抗中的应用进展［J］．工程科学学报，2020，42（9）：1106 - 1118.

［133］朱贝贝．人工智能行业上市公司估值问题研究［D］．上海：上海国家会计学院，2018.

［134］赵涛，张智，梁上坤．数字经济、创业活跃度与高质量发

展——来自中国城市的经验证据 [J]. 管理世界, 2020, 36 (10):
65 - 76.

[135] 钟根元, 王方华, 行喜欢. 信息技术、经济增长与劳动生产率增长 [J]. 管理工程学报, 2005 (4): 16 - 21.

[136] 左晖, 艾丹祥. ICT 投资、偏向性技术变化与全要素生产率 [J]. 统计研究, 2021, 38 (9): 19 - 33.

[137] 周滔, 淡亚涛, 盛守双. 我国商业地产投资价值分析——基于 35 个大中城市商业地产投资价值的度量 [J]. 价格理论与实践, 2015 (8): 97 - 99.

[138] Abel J. R., Dey I., Gabe T. M. Productivity and the Density of Human Capital [J]. Journal of Regional Science, 2012, 52 (4): 562 - 586.

[139] Acemoglu D., Restrepo P. Artificial Intelligence, Automation and Work [J]. National Bureau of Economic Research, 2018, 2 (4): 197 - 236.

[140] Acemoglu D., Restrepo P. Robots and Jobs: Evidence from US Labor Markets [J]. National Bureau of Economic Research, 2017, 3 (17): 1 - 90.

[141] Alford A. W. The Effect of the Set of Comparable Firms on the Accuracy of the Price - Earnings Valuation Method [J]. Journal of Accounting Research, 1992, 30 (1): 94 - 108.

[142] Akerlof G. A. The Market for "Lemons": Quality Uncertainty and the Market Mechanism [J]. Quarterly Journal of Economics, 1970, 84 (3): 488 - 500.

[143] Arrow K. J. Uncertainty and The Welfare Economics of Medical Care [J]. Journal of Health Politics Policy & Law, 1963, 53 (5): 941 - 973.

[144] Barney J. Firm Resources and Sustained Competitive Advantage [J]. Journal of Management, 1991, 17: 99 - 120.

[145] Borland J., Coelli M. Are Robots Taking Our Jobs [J]. Aus-

tralian Economic Review, 2017, 50 (4): 377 - 397.

[146] Bruelhart M. , Mathys N. A. Sectoral Agglomeration Economies in a Panel of European Regions [J]. Regional Science and Urban Economics, 2008, 38 (4): 348 - 362.

[147] Brynjolfsson E. , Mcafee A. , Spence M. Labor, Capital, and Ideas in the Power Law Economy [J]. Foreign Affairs, 2014, 93 (4): 44 - 53.

[148] Brynjolfsson E. , Rock D. , Syverson C. Artificial Intelligence and the Modern Productivity Paradox: A Clash of Expectations and Statistics [J]. National Bureau of Economic Research, 2017: 23 - 57.

[149] Casolaro L. , Gobbi G. Information Technology and Productivity Changes in the Banking Industry [J]. Economic Notes, 2007, 36 (1): 43 - 76.

[150] Catherine J. Durham. Understanding the Basic Business Valuation Methods [J]. Control Engineering, 2016, 63 (12): 24.

[151] Ciccone A. , Hall R. E. Productivity and the Density of Economic Activity Productivity and the Density of Economic Activity [J]. The American Economic Review, 1996, 86 (1): 54 - 70.

[152] Ciccone A. Agglomeration Effects in Europe [J]. European Economic Review, 2002, 46 (2): 213 - 227.

[153] Dewan S. , Kraemer K. L. Information Technology and Productivity: Evidence from Country - Level Data [J]. Management Science, 2000, 46 (4): 548 - 562.

[154] Economides N. , Flyer F. Equilibrium Coalition Structures in Markets for Network Goods [J]. Annals of Economics and Statistics, 1998, 46 (1): 339 - 358.

[155] Faere R. , Grosskopf S. , Margaritis D. Productivity Growth and Convergence in the European Union [J]. Journal of Productivity Analysis,

2006, 25 (1 - 2): 111 - 141.

[156] Feng F., Bo W., Yuanyuan Z. A New Internet DEA Structure: Measurement of Chinese R&D Innovation Efficiency in High Technology Industry [J]. International Journal of Business and Management, 2013, 8 (21): 32 - 40.

[157] Graetz G., Michaels G. Robots at Work [J]. The Review of Economics and Statistics, 2018, 100 (5): 753 - 768.

[158] Greenan N., Mairesse J., Topiol - Bensaid A. Information Technology and Research and Development Impacts on Productivity and Skills: Looking for Correlations on French Firm - Level Data [R]. NBER Working Paper, 2001.

[159] Haoyue D., Zichu L. A Value Investment Analysis on Soft Drink Stocks from Hybrid Perspective [C]. Suzhou, China, 2020.

[160] Hansen E. B. Threshold Effects in Non - Dynamic Panels: Estimation, Testing, and Inference [J]. Journal of Econometrics, 1999, 93: 345 - 368.

[161] Jorgenson D. W., Stiroh K. J. Raising the Speed Limit: U. S. Economic Growth in the Information Age [J]. Brookings Papers on Economic Activity, 2000, 1 (1): 125 - 236.

[162] Katz M. L., Shapiro C. Network Externalities, Competition, and Compatibility [J]. American Economic Review, 1985, 75 (3): 424 - 440.

[163] Kendrick J. W. Productivity Trends: Capital and Labor [J]. NBER Books, 1956, 38 (3): 248 - 257.

[164] Khan H., Tsoukalas J. Investment Shocks and the Comovement Problem [J]. Journal of Economic Dynamics & Control, 2011, 35 (1): 115 - 130.

[165] Lankisch C. Robots and the Skill Premium: An Automation -

based Explanation of Wage Inequality［J］. Klaus Prettner, 2017, ISSN 2364 – 2084.

［166］Lee S. Y. T. , Gholami R. , Tong T. Y. Time Series Analysis in the Assessment of ICT Impact at the Aggregate Level – lessons and Implications for the New Economy［J］. Information & Management, 2005, 42（7）: 1009 – 1022.

［167］Lucas R. E. On the Mechanics of Economic Development［J］. Journal of Monetary Economics, 1988, 22: 3 – 42.

［168］Lutz Kruschwitz, Andreas Löffler. Transversality and the Stochastic Nature of Cash Flows［J］. Modern Economy, 2015, 6（6）: 755 – 769.

［169］Markowitz H. Portfolio Selection［J］. Journal of Finance, 1952（7）: 77 – 91.

［170］Massimo D. G. , Adriana D. L. , Carmelo P. Measuring Productivity［J］. Journal of Economic Surveys, 2011, 25（5）: 952 – 1008.

［171］Morikawa M. Who Are Afraid of Losing Their Jobs to Artificial Intelligence and Robots? Evidence from A Survey［J］. GLO Discussion Papers, 2017（71）.

［172］Modinliani F. , Miller M. H. The Cost of Capital, Corporation Fiance and the Theory of Investment［J］. The American Economic Review, 1958: 261 – 297.

［173］Prahalad C. K. , Hamel G. The Core Competence of the Corporation［J］. Harvard Business Review, 1990, 68（3）: 79 – 91.

［174］Romer P. M. Endogenous Technological Change［J］. Journal of Political Economy, 1990, 98: 71 – 102.

［175］Romer P. M. Increasing Returns and Long – run Growth［J］. Journal of Political Economy, 1986, 94: 1002 – 1037.

[176] Sanchez R. , Heene A. Managing a Rticulated Knowledge in Competence – based Competition [M]. Manhattan. Chichester. John Wlley and Sons, 1997.

[177] Seo H. J. , Lee Y. S. Contribution of Information and Communication Technology to Total Factor Productivity and Externalities Effects [J]. Information Technology for Development, 2006, 12 (2): 159 – 173.

[178] Shapiro C. , Varian H. R. Information rules: A Strategic Guide to the Network Economy [M]. Brighton. Harvard Business School Press, 1998.

[179] Sharpe W. F. Capital Asset Prices: A Theory of Market Equilibrium under Conditions of Risk [J]. Journal of Finance, 1964 (9): 425 – 442.

[180] Solow R. We'd Better Watch out [R]. New York Times Book Review, 1987: 36 – 37.

[181] Stephen D. , Oliner, Sichel D. E. The Resurgence of Growth in the Late 1990s: Is Information Technology the Story? [J]. The Journal of Economic Perspectives, 2000, 14 (4): 3 – 22.

[182] Syverson C. Challenges to Mismeasurement Explanations for the US Productivity Slowdown [J]. The Journal of Economic Perspectives, 2017, 31 (2): 165 – 186.

[183] Tadesse S. Financial Development and Technology [J]. William Daridson Institute Working Paper Number 749, 2005.

[184] Teece D. J. , Pisano G. , Shuen A. Dynamic Capabilities and Strategic Management [J]. Strategic Management Journal, 1997, 18: 509 – 533.

[185] Thomas M. K. The Rise of Technology and Its Influence on Labor Market Outcomes [J]. Gettysburg Economic Review, 2017, 10 (1): 3 – 27.

[186] Tripathi M. , Inani S. K. Does Information and Communications

Technology Affect Economic Growth? Empirical Evidence from SAARC Countries [J]. Information Technology for Development, 2020, 26 (4): 773 –787.

[187] Venables A. J. Productivity in Cities: Self – selection and Sorting [J]. Journal of Economic Geography, 2011, 11 (2): 241 –251.

[188] Vermeulen B. , Kesselhut J. , Pyka A. The Impact of Automation on Employment: Just the Usual Structural Change?　[J]. Sustainability, 2018, 10 (5): 1661 –1688.

[189] Wernerfelt B. A Resource – based View of the Firm [J]. Strategic Management Journal, 1984, 5 (2): 171 –180.

[190] Winter S. G. Understanding Dynamic Capabilities [J]. Stratgic Management Journal, 2003, 24 (10): 991 –995.

[191] Yujie S. Evaluation of Enterprise Investment Value Based on Principal Component Analysis: Information Transmission, Software and Information Technology Services in China [J]. Academic Journal of Engineering and Technology Science, 2020, 3 (7): 132 –144.